사용자 경험의 요소

The Elements of User Experience

The Elements of User Experience:
User-Centered Design for the Web and Beyond, Second Edition
by Jesse James Garrett

Authorized translation from the English language edition, entitled ELEMENTS OF USER EXPERIENCE, THE: USER-CENTERED DESIGN FOR THE WEB AND BEYOND, 2nd Edition, 9780321683687 by GARRETT, JESSE JAMES, published by Pearson Education, Inc, publishing as New Riders, Copyright © 2010.

All rights reserved. No part of this book may be reproduced or transmitted in any form or by any means, electronic or mechanical, including photocopying, recording or by any information storage retrieval system, without permission from Pearson Education, Inc.

Korean language edition published by INSIGHT PRESS, Copyright © 2013

- 이 책의 한국어판 저작권은 저작권자와의 독점 계약으로 인사이트에 있습니다.
- 저작권법에 의해 한국 내에서 보호를 받는 저작물이므로 무단전재와 무단복제를 금합니다.

사용자 경험의 요소:
변하지 않는 UX 디자인 원리

초판 1쇄 발행 2013년 6월 20일 **2쇄 발행** 2017년 3월 31일 **지은이** 제시 제임스 개럿 **옮긴이** 정승녕 **펴낸이** 한기성 **펴낸곳** 인사이트 **편집** 조은별 **본문디자인** 신병근 **제작·관리** 박미경 **표지출력** 소다미디어 **본문출력** 현문인쇄 **용지** 월드페이퍼 **인쇄** 현문인쇄 **제본** 자현제책 **등록번호** 제10-2313호 **등록일자** 2002년 2월 19일 **주소** 서울시 마포구 잔다리로 119 석우빌딩 3층 **전화** 02-322-5143 **팩스** 02-3143-5579 **블로그** http://blog.insightbook.co.kr **이메일** insight@insightbook.co.kr **ISBN** 978-89-6626-082-9 책값은 뒤표지에 있습니다. 잘못 만들어진 책은 바꾸어 드립니다. 이 책의 정오표는 http://www.insightbook.co.kr에서 확인하실 수 있습니다. 이 도서의 국립중앙도서관 출판예정도서목록(CIP)은 서지정보유통지원시스템 홈페이지(http://seoji.nl.go.kr)와 국가자료공동목록시스템(http://www.nl.go.kr/kolisnet)에서 이용하실 수 있습니다. (CIP제어번호: CIP2013008966)

UX
insight

사용자 경험의 요소
변하지 않는 UX 디자인 원리
제시 제임스 개럿 지음 | 정승녕 옮김

이 모든 일이 가능하도록 해준
나의 아내 레베카 블러드 개럿에게
이 책을 바칩니다.

옮긴이의 글 xi
개정판 감사의 글 xiii   초판에 대한 감사의 글 xiv
개정판에 대한 소개 xvi   초판본에 대한 소개 xviii

1 사용자 경험, 왜 중요한가

일상 속의 불상사	3
사용자 경험에 대한 소개	4
제품 디자인에서 사용자 경험 디자인으로	7
경험(을 위한) 디자인: 중요한 것은 사용이다	8
사용자 경험과 웹	9
좋은 사용자 경험이 사업성을 높인다	11
사용자에 대한 고려	16

2 UX 요소를 만나다

다섯 겹의 층	19
• 표면층	20
• 골격층	20
• 구조층	20
• 범위층	20
• 전략층	20
구축은 아래에서 위로	21
태생적인 이중성	24
사용자 경험의 요소	27
• 전략층	29
• 범위층	29
• 구조층	29
• 골격층	29
• 표면층	30
UX 요소의 활용	30

차례

3 전략층 제품 목표와 사용자 요구

전략 정의하기	35
제품 목표	36
• 사업 목표	36
• 브랜드의 정체성	37
• 성공 지표	38
사용자 요구	40
• 사용자 세분화	41
• 사용성과 사용자 연구	44
• 페르소나 구축	47
팀의 역할과 업무 절차	49

4 범위층 기능 사양과 콘텐츠 요구사항

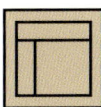

범위의 정의	55
• 이유 1: 개발할 항목을 알 수 있다	56
• 이유 2: 개발하지 않을 항목을 알 수 있다	57
기능과 콘텐츠	58
요구사항 정의	61
기능 사양서	64
• 작성하기	64
콘텐츠 요구사항	67
요구사항의 우선순위	70

5 구조층 인터랙션 디자인과 정보 구조 설계

구조의 정의	77
인터랙션 디자인	78
• 개념적 모델	79
• 오류 처리	82
정보 구조 설계	84
• 콘텐츠 구성	85
• 설계 방법	88
• 구성 원리	91
• 언어와 메타데이터	93
팀 역할과 업무 절차	95

6 골격층 인터페이스 디자인, 내비게이션 디자인, 정보 디자인

골격의 정의	101
관습과 은유	103
인터페이스 디자인	106
내비게이션 디자인	110
정보 디자인	116
• 길찾기	118
• 와이어프레임	119

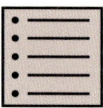

7 표면층 감각적 측면의 디자인

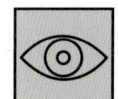

표면의 정의	125
감각 속의 논리 만들기	126
• 후각과 미각	126
• 촉각	126
• 청각	126
• 시각	127
시선을 따라 흘러가라	128
대비와 통일성	129
내적 일관성과 외적 일관성	133
색상 팔레트와 타이포그래피	134
디자인 구성도와 스타일 지침서	137

8 요소의 응용

올바른 문제 제기	146
마라톤과 단거리 경주	148

옮긴이의 글

점점 더 많은 사람들이 '사용자 경험'과 'UX'를 말하고 있다.

업계의 어느 학회, 회사의 어느 회의에 들어가도 사용자 경험의 품질은 다양한 분야의 전문가와 의사결정자에 의해서 자주 거론되는 일종의 기초적인 가치 기준 중 하나가 되었다. 일반 소비자들까지도 특정 서비스를 묘사하면서 그 서비스의 사용자 경험에 대해서 논하는 모습을 자주 볼 수 있으며, 제품 리뷰에는 사용자 경험에 대해 수치화된 점수까지도 매겨지고 있다.

하지만 작년 한 학회에서 언급되었듯이, "사용자 경험에 대한 비상한 관심은 그 중요성이 드디어 인정받게 되었다는 좋은 현상이지만, 동시에 그 개념과 전문성을 이해하지 못한 채 관심만 갖게 되는 경우가 많기 때문에 큰 혼돈을 야기하는 측면도 있다."• 모든 사람이 좋은 사용자 경험에 대해서 고민하고 기여하기를 원하지만, 각각의 사람들이 서로 다른 의미로 사용자 경험을 정의하고 나름의 관점에서 더 좋은 사용자 경험을 주장하기 때문에, 그 힘이 시너지 효과는 내지 못하는 것은 물론 심지어 산만하고 일관성 없는 사용자 경험을 낳게 되기도 한다.

사용자 경험이라는 개념을 정립하는 일이 과거 어느 때보다 중요해진 시점에서, 그 개념을 처음으로 체계화했던 J.J. 개럿의 저서 『사용자 경험의 요소』의 개정 번역판을 출간하는 데 일조하게 된 것은 번역자로서 영광이 아닐 수 없다. 이 책을 통해서 저자는 웹사이트 뿐만이 아니라 다른 종류의 서비스/제품에도 적용할 수 있는 사용자 경험 요소 모델을 재정비하여 제시하였다. 모델 자체에는 구조상 큰 변화가 없지만, 이를 실무에 적용할 수 있는 지침과

• 2012년 5월 CHI 학회에서 있었던 패널토론 〈Creating Great User Experience: Facing the Challenges Ahead〉 중에서 Eric Schaffer가 했던 발언

방안에 대해서는 많은 부분이 추가되거나 수정되어 독자가 그 동안 변화된 환경에 맞춰 해석할 수 있도록 하였다.

중요한 의미를 갖는 서적인 만큼 번역에도 공을 많이 들였으며, 2003년 출간된 초판 번역본도 함께 비교해 가면서 어느 정도 일관성을 유지하려고 노력했다. 단지 10년이 지난 후라 그런지 몇몇 용어를 번역함에 있어서 초판과 다른 어휘를 사용할 수밖에 없었는데, 이 경우 원문을 함께 표기하여 혼란을 줄이고자 했다.

최고의 사용자 경험을 제공해야 한다는 생각은 널리 퍼져 있는 듯하지만, 그 사용자 경험이라는 단어를 통해 전달하는 내용은 종종 말하는 사람의 의향과 배경에 따라 달라지는 경우가 많다. 이 책 『사용자 경험의 요소』 개정 번역판의 출간이, 일관성 없이 해석되고 있는 '사용자 경험'이라는 개념에 다시금 제자리를 찾아 주는 계기가 되었으면 한다.

2013년 6월
에딘버러에서 정승녕

개정판에 대한 감사의 글

Michael Nolan은 내가 개정판을 낼 것을 지난 몇 년 동안 종용해 왔다. 그 끈 질김과 무시할 수 없는 제안을 만들어 낸 그의 아이디어가 아니었다면, 이 개정판은 세상에 나올 수 없었을 것이다.

New Riders 출판사의 Rose Weisburd, Tracey Croom, Kim Scott은 내가 예정대로 작업을 진행할 수 있도록 도와주었다. Nancy Davis, Charlene Will, Hilal Sala, Mimi Vitetta는 여러 가지 실무적인 일을 수행하는 데에 도움을 주었다. 또한 Samantha Bailey과 Karl Fast의 도움에 대해서도 감사를 표하고 싶다.

내 아내 Rebecca Blood Garrett은 처음부터 끝까지 가장 믿을 수 있는 편집 자로서, 조언자로서, 상담 상대로서 남아 주었다.

이번에 추가 저술을 하면서 Japan-cakes, Mono, Maserati, Tarentel, Sleeping People, Codes in the Clouds, 그리고 특히 Explosions in the Sky의 곡은 음악적 동반자가 되어 주었다. 무엇보다 락 밴드 Maserati의 드러머 Steve Scarborough가 제공한 음악적인 조언에 대해서 특히 감사드린다.

초판에 대한 감사의 글

책 표지에는 이름 몇 개만 나와 있기 때문에 잘 드러나지 않지만, 사실 책 한 권을 만드는 데에는 많은 사람들의 노력이 필요하다.

무엇보다 어댑티브패스Adaptive Path의 동료들 – Lane Becker, Janice Fraser, Mike Kuniavsky, Peter Merholz, Jeffrey Veen, Indi Young – 에게 감사한다. 동료들의 지원을 받지 못했다면 절대로 이 일을 하지 못했을 것이다.

또한 New Riders 출판사의 모든 분들, 특히 Michael Nolan, Karen Whitehouse, Victoria Elzey, Deborah Hittel-Shoaf, John Rahm, Jake McFarland는 이 일을 진행하는 데 절대적인 도움을 주었다.

Kim Scott과 Aren Howell은 날카로운 눈으로 이 책의 세부적인 디자인에까지 관심을 가져 주었다. 특히, 디자인에 대한 저자의 제안들을 참을성 있게 들어준 것에 대해서 감사드리고 싶다.

Molly Wright Steenson과 David Hoffer는 내 초안을 읽어 보고 소중하고 통찰력 있는 의견을 주었다. 책을 쓰는 사람으로서 이만큼 운이 좋기도 힘이 들 것이다.

Jess McMullin은 여러 방면에 있어서 가장 집요한 비평가가 되어 주었으며, 덕택에 이 책의 내용은 훨씬 나아졌다.

어떻게 해야 평상심을 유지하며 책 쓰는 프로젝트를 진행할 수 있는지에 대해서 조언해 준 경험 많은 저술가 여러분 – Jeffrey Veen (한 번 더), Mike Kuniavsky (한 번 더), Steve Krug, June Cohen, Nathan Shedroff, Louis Rosenfeld, Peter Morville, 그리고 Steve Champeon – 께도 감사드린다.

그 외에 소중한 의견이나 정신적인 지원을 주신 많은 분들 – Lisa Chan, George Olsen, Christina Wodtke, Jessamyn West, Samantha Bailey, Eric

Scheid, Michael Angeles, Javier Velasco, Antonio Volpon, Vuk Cosic, Thierry Goulet, Dennis Woudt – 역시 내가 생각하지 못했던 부분들을 지적해 준 최고의 동료들이다.

    책을 쓰는 과정에 있어서, Man or Astro-man, Pell Mell, Mermen, Dirty Three, Trans Am, Tortoise, Turing Machine, Don Caballero, Mogwai, Ui, Shadowy Men on a Shadowy Planet, Do Make Say Think, 그리고 특히 Godspeed You Black Emperor!는 음악적 동반자가 되어 주었다.

    끝으로 이 책을 쓸 수 있도록 해 준 세 명의 은인이 있다. 어느 날 밤 텍사스에서 있었던 파티에서 소개시켜 줄 사람이 있다고 했던 Dinah Sanders, 나를 모든 면에서 강하고, 지혜로울 수 있게 도와주는 내 아내 Rebecca Blood, 돈독한 우정, 격려와 지원으로 내가 이 일을 찾아낼 수 있도록 해 준 Daniel Grassam. 모두 감사합니다.

개정판에 대한 소개

바로 본론으로 들어가도록 하자. 이 개정판에서는 뭐가 달라졌는가?

처음 출판되었던 책과 비교했을 때 개정판의 가장 큰 차이점은, 이 책이 더 이상 웹사이트에만 적용할 수 있는 내용이 아니라는 점이다. 물론 대부분의 사례는 여전히 웹에서 차용했지만, 전체적인 주제, 개념, 원리들은 모든 종류의 제품과 서비스에 적용할 수 있다.

여기에는 두 가지 이유가 있는데, 둘 다 지난 10년 동안 '사용자 경험' 그 자체는 물론 '요소'에 대해서 일어난 변화와 관련이 있다.

나는 지난 몇 년간 이 책에서 소개한 '사용자 경험 요소' 모델(이하 UX 요소 모델)을 웹과 무관한 제품들에 적용하는 많은 사람들에 대한 이야기를 직접, 간접적으로 들었다. 그 경우의 일부는 웹 디자이너가 새로운 분야, 이를테면 휴대폰용 서비스 개발에 참여하게 된 경우였고, 다른 분야의 디자이너가 어쩌다가 UX 요소 모델을 알게 되어 자신의 업무에서 연관성을 찾아낸 경우도 있었다.

그 동안, 사용자 경험 분야는 꾸준히 그 지평을 넓혀 왔다. 실무자들의 토론은 이제 이 책이 처음 쓰여졌을 때 주로 논의되었던 웹이나 심지어 화면에서의 상호작용이라는 범위에서도 벗어나, 훨씬 넓은 영역에서 사용자 경험의 영향과 가치를 다루고 있다.

이 개정판도 이와 비슷한 넓은 시각을 갖고 쓰여졌다. UX 요소 모델의 근간이 웹에서 비롯된 만큼 여전히 웹에 중점을 두고 있기는 하지만, 이 책은 웹사이트 개발 과정에 대한 실무 지식이 없어도 읽을 수 있다. 따라서 웹사이트를 만드는 일을 하지 않는 독자도 이런 개념들을 자신의 업무에 적용시킬 수 있을 것이다.

이 모든 변화에도 불구하고, 첫 번째 책을 벌써 읽은 사람들도 걱정할 필요는 없다. 개정판에서 무슨 근본적인 혁신이 일어난 것은 아니다. 이 책에 포함된 내용은 이전에 다루었던 UX 요소 모델에서 핵심 개념과 철학은 그대로 둔 채로 더욱 다듬어지고 정제되었다. 소소한 부분이 바뀌기는 했지만, 전체적인 내용은 변하지 않았다.

UX 요소 모델이 이렇게 다양한 분야에 적용된 것에 대해서 나는 감사함과 겸허한 마음을 감출 수가 없으며, 이 모델이 다음에는 어디에 적용될지를 기대에 찬 마음으로 기다리고 있다.

2010년 11월
제시 제임스 개럿

초판본에 대한 소개

이 책은 어떤 방법을 알려 주는 책이 아니다. 웹사이트를 만드는 법이라면 그야말로 많은 책이 나와 있으며, 이 책에서는 그런 내용을 다루지 않는다.

이 책은 기술에 대한 내용도 아니다. 책 내용의 처음부터 끝까지 프로그램 코드는 한 줄도 나오지 않는다.

이 책은 정답을 제시하는 책도 아니다. 그 대신, 이 책은 올바른 질문을 하게 해주는 책이다.

이 책은 그런 내용을 다루는 다른 책들을 읽기 전에 알아야 할 것을 담고 있다. 당신이 사용자 경험 실무자로서 의사결정을 하는 데 필요한 큰 그림을 보고 싶거나 그 맥락을 이해해야 한다면, 이 책이 도움이 될 것이다.

이 책은 두어 시간 정도에 읽을 수 있도록 기획되었다. 사용자 경험 분야에 처음 발을 디디는 사람이든, 사용자 경험 부서를 만들어 사람들을 채용하려고 하는 경영자든, 이 분야에서 경력을 쌓고자 하는 저술가나 디자이너든, 이 책은 충분한 기초지식을 마련해 줄 것이다. 만약에 이미 사용자 경험 분야의 방법론과 고려사항을 잘 알고 있다면, 이 책은 그런 내용들을 함께 일하는 사람들에게 보다 효율적으로 전달하는 데 도움을 줄 것이다.

이 책을 쓰게 된 배경

여기에 대한 질문을 많이 받는데, 사실 이 책 『사용자 경험의 요소』가 태어나게 된 데에는 나름의 이야기가 있다.

1999년 말, 나는 오래된 웹디자인 회사에 첫 번째 정보설계사 information architect 로 채용되었다. 나는 다양한 방법을 동원해서 내 업무를 스스로 정의하고, 사람들에게 내가 무슨 일을 하고 또 그런 일이 어떻게 그들의 업무와 연관되는지를 알려 줘야만 했다. 처음에는 사람들이 아마 조심스럽고 조금 경계하기도 했던 것 같지만, 금새 내 목적이 자신의 업무를 어렵게 만들려는 게 아니라 쉽게 하려는 데에 있으며, 내가 참여함으로써 자신의 결정권이 줄어드는 게 아니라는 점을 이해하게 됐다.

한편으로 나는 내 업무와 관련된 온라인 자료를 개인적으로 모아 정리하고 있었다(그 자료들은 이제 www.jjg.net/ia/에 있는 내 정보 설계 자료 페이지에 모여 있다). 이 과정에서, 나는 이 분야의 기본적 개념에 대한 용어들이 제대로 정의되지 않은 채 임의로 쓰이는 것을 보며 당황하지 않을 수 없었다. 어떤 자료에서 정보 디자인이라고 불리는 개념이 다른 곳에서는 정보 설계라고 되어 있기도 했다. 수집된 자료의 1/3 정도는 그냥 모든 개념을 인터페이스 디자인이라는 이름으로 뭉뚱그려 다루고 있었다.

1999년 말부터 2000년 1월까지, 나는 그런 다양한 용어들에 대한 정의를 서로 상충되지 않도록 하고, 그들 간의 관계를 표현할 방법을 찾기 위해서 고심했다. 하지만 당시 나는 눈앞의 업무만으로도 바빴고 고심하던 모델도 사실 잘 정리되지 않았기 때문에, 1월 말쯤에는 그냥 생각을 접어버리고 말았다.

그 해 3월, 나는 SXSW South by South West Interactive 행사에 참여하기 위해서 텍사스주 오스틴으로 갔다. 매년 이 행사가 열리는 일주일은 많은 생각을 하게 해주는 매력적인 시간이지만, 밤낮으로 짜인 행사 일정을 따라가다보니 며칠 후에는 마치 마라톤 경주를 하는 듯한 상황이 되어 제대로 잠을 잘 수도 없었다.

일주일 간의 행사를 마치고 샌프란시스코로 돌아가는 비행기를 타려고 오스틴 공항 터미널을 걸어가고 있을 때, 문득 떠오르는 생각이 있었다. 내 생각을 모두 담을 수 있는 3차원 도형이었다. 나는 비행기에 탈 때까지 참을성 있게 기다리다가, 자리에 앉자마자 수첩을 꺼내 그 도표를 그렸다.

샌프란시스코에 돌아오자마자, 나는 두통과 몸살감기에 걸려 버려서 일주일 내내 고열로 정신을 못 차린 채로 돌아다녀야 했다. 조금이나마 제정신으로 돌아온 다음에, 나는 수첩을 꺼내 그려 두었던 도표를 편지지 크기의 백지에 옮겨 그리고, '사용자 경험의 요소 The Elements of User Experience'라는 제목을 붙였다. 나중에 많은 사람들이 그 이름에서 주기율표나 작문법 교과서•를 떠올린다는 걸 알았지만, 사실 나는 너무 기술적인 용어처럼 들리는 성분 component 이라는 말을 대신하기 위해서 요소 element 라는 단어를 고른 것일 뿐 그런 것들이 연상된다는 생각은 하지 않았다.

최종적으로 완성된 도표는 3월 30일에 내 웹사이트에 올라갔다(이 최초의 그림은 아직도 그대로 게재되어 있으며, www.jjg.net/ia/elements.pdf에서 찾아볼 수 있다.). 처음에는 Peter Merholz와 Jeffrey Veen이 그 그림에 주목하게 되는데, 이 둘은 나중에 어댑티브패스에서 나와 함께 일하기도 했다. 얼마 후 Information Architecture Summit을 시작으로 더 많은 사람들에게 이 그림에 대해서 이야기했고, 결국 전 세계 사람들로부터 어떻게 내 그림을 이용해서 조직 내의 사람들에게 사용자 경험에 대해 설명하고 이슈를 공유했는지를 듣게 됐다.

그로부터 1년 후, '사용자 경험의 요소' 도표는 내 웹사이트로부터 2만 번 이상 다운로드 됐다. 나는 이 그림이 거대한 조직에서부터 작은 웹 개발 그룹

• 이는 주기율표에 나열되는 화학 물질인 원소를 영단어로 element라고 하며, 영어 작문법 교과서로 'The Elements of Styles'라는 책이 널리 쓰이기 때문이다.

에 이르기까지 업무와 의사소통의 효율을 높이기 위해 어떻게 사용됐는지를 듣기 시작했으며, 나는 그런 필요에 보다 잘 부응할 수 있는 방법으로 이 개념을 종이 한 장에 담기보다 한 권의 책으로 엮어 낼 생각을 하기 시작했다.

다음 해 3월 나는 다시 오스틴에서 SXSW 행사에 참석했으며, 거기서 New Riders 출판사의 Michael Nolan을 만나 그런 생각을 이야기했다. 그는 내 생각을 열정적으로 좋아했고, 다행히 그의 상사도 그렇게 생각해 주었다.

이렇게 절반의 행운과 절반의 의도를 통해서 이 책이 여러분의 수중에 들어가게 된 것이다. 이 책에 포함된 내용이 내 자신에게 도움이 된 것만큼이나 여러분이 하는 일에도 통찰력과 보람을 주기 바란다.

2002년 7월
제시 제임스 개럿

• 본문에 나온 주석은 모두 옮긴이주 입니다.

1
사용자 경험, 왜 중요한가

1
User Experience and Why It Matters

우리가 사용하는 제품과 서비스들은 우리와 양면적인 관계를 맺고 있다. 그것들은 유용한 순간이 있는가 하면 우리를 당혹스럽게 하는 순간도 있다. 우리의 삶을 간편하게 해 주는가 하면 오히려 복잡하게 만들기도 하고, 사람들이 서로 가까워지도록 만들기도 하지만 멀어지는 원인이 되기도 한다.

하지만 매일같이 수많은 제품과 서비스를 사용하고 있음에도 불구하고, 우리는 그것들이 다른 사람에 의해서 만들어졌으며 세상 어딘가에 있는 누군가는 그게 제대로 작동하게 만들어진 것에 대한 (혹은 반대로 그렇지 않은 것에 대한) 책임을 지고 있다는 것을 쉽사리 잊고 만다.

┃ 일상 속의 불상사

가끔은 누구든지 정말 재수가 없는 하루를 겪게 된다. 여러분도 이런 날이 있었을 것이다.

창문에서 쏟아지는 아침 햇살에 눈을 뜬 당신은 아침 일찍 울리도록 맞춘 알람 시계가 왜 아직 울리지 않는지 의아해 한다. 들여다보니 시계는 3시 43분을 가리키고 있다. 침대를 박차고 나와 다른 시계를 찾아보니, 10분 안에만 출발한다면 아직은 출근시간에 맞춰 회사에 도착할 수 있다.

커피메이커를 켜고 서둘러 옷을 챙겨 입는다. 이 정신 없는 아침을 시작할 수 있게 도와줄 카페인을 섭취하기 위해서 커피메이커로 돌아가 보니, 어찌 된 일인지 커피가 만들어져 있지 않다. 왜 그런지 알아볼 시간은 없다. 지금 당장 출근해야 하니까!

집에서 출발한 지 얼마 지나지 않아 자동차에 기름을 넣어야 한다는 사실을 깨닫는다. 근처 주유소의 셀프 주유기에서 기름을 넣으려고 했지만 이번에는 기계가 신용카드를 읽지 못한다. 결국 직접 돈을 내야 하는데, 그러려면 창구 직원이 앞 사람들을 한 명씩 느릿느릿 응대하는 동안 그 뒤에 줄을 서서 기다려야 한다.

교통사고로 길이 막혀서 돌아가야 하기 때문에 회사까지 가는 데 생각했던 것보다 많은 시간이 걸린다. 할 수 있는 모든 노력을 다 했지만, 이제 지각이 확실해졌다. 드디어 회사에 도착해서 자리에 앉는다. 정신이 하나도 없고 혼란스러울 뿐만 아니라, 피곤하고 신경도 날카롭다. 하지만 오늘 업무는 아직 시작되지도 않았고, 여태 커피도 마시지 못했다.

| 사용자 경험에 대한 소개

앞서 말한 이야기는 정말 운이 없는 하루다. 살다 보면 그런 날도 있을 수 있다. 하지만 그런 불행한 사건들이 피할 수 없는 것이었는지 알아보기 위해서, 일어난 일들을 되돌려 자세히 들여다 보자.

교통사고: 출근 길에 있었던 교통사고는 사고 차량 운전자가 주행 중에 라디오 음량을 줄이려다가 도로에서 눈을 떼었기 때문에 일어난 일이었다. 손으로 만지는 것만으로는 어떤 게 음량 조절 장치인지 확인할 수 없기 때문에 내려다봐야 했던 것이다.

현금 등록기: 주유소 직원 앞에 늘어선 줄이 그렇게 천천히 움직인 이유는 직원이 사용하던 현금 등록기가 쓰기 복잡하고 어려워서, 지불한 내역을 등록할 때 세심한 주의를 기울이지 않으면 계산이 틀려 처음부터 다시 시작해야 했기

때문이다. 현금 등록기가 좀 더 단순하게 만들어져 있고 버튼의 색상이나 배열이 달랐더라면, 사람들이 그렇게 줄 서서 기다릴 필요도 없었을 것이다.

셀프 주유기: 애당초 주유기가 신용카드를 제대로 읽어 들였다면 줄을 설 필요도 없었을 것이다. 만일 당신이 신용카드를 다른 방향으로 넣었다면 문제없이 읽혔을 테지만, 주유기에는 신용카드를 어느 방향으로 넣으라는 표시가 없었고, 당신도 조급한 마음에 신용카드를 이리저리 돌려가며 시도해 보려는 생각은 하지 못했다.

커피메이커: 커피메이커가 동작하지 않은 이유는 전원 버튼이 끝까지 눌리지 않았기 때문이다. 그 기계는 전원이 제대로 켜졌다는 것을 알려 주는, 불이 들어오거나 소리가 난다거나 버튼에 걸리는 느낌이 든다거나 하는 장치가 하나도 없었다. 전원을 켰다고 생각했지만 사실은 그렇지 않았던 것이다. 커피메이커가 아침마다 자동으로 커피를 만들도록 설정해 두었다면 이런 문제가 없었겠지만 그런 기능이 있었다는 것도 몰랐고, 알았다고 하더라도 그 기능을 어떻게 쓰는지 배울 기회도 없었다. 커피메이커에 붙어 있는 시계는 여전히 12:00이라는 표시를 깜박이고 있다.

시계: 이제 이 모든 일들의 발단이 된 알람 시계에 대해서 생각해 보자. 알람이 울리지 않은 이유는 시간이 잘못 맞춰져 있었기 때문이다. 시간이 잘못 맞춰진 이유는 밤중에 고양이가 시계의 버튼을 밟아 시간 설정이 바뀌었기 때문이다(그런 일이 있어날 리가 없다고 생각할지도 모르지만, 사실 이건 실제로 나에게 일어났던 일이다. 고양이가 만지작거려도 설정이 바뀌지 않는 시계를 찾는 데에는 놀랄 만큼 많은 노력을 기울여야 했다). 그 시계의 버튼 배치가 조금만 달랐더라면 고양이가 시간 재설정 버튼을 누르는 일은 막을 수 있었을 테고, 정신 없이 서두르지 않아도 되는 여유로운 아침을 시작할 수 있었을 것이다.

간단히 말해서, 앞서 나열한 '불행한 사건' 모두가 제품이나 서비스를 설계했을 때 조금 더 신경을 썼다면 피할 수 있는 일이었다. 이런 사례들은 모두 실생활에서 제품을 사용하는 사람들에게 그 제품이 제공하는 경험, 즉 **사용자 경험** user experience에 대한 배려가 부족하다는 것을 보여 주고 있다. 어떤 제품을 개발할 때, 사람들은 대부분 '어떤 기능을 갖는 제품인가'에 주목한다. 사용자 경험은 이와 달리, 그 제품의 또 다른 측면이지만 자주 간과되는 '그런 기능이 어떻게 수행되는가'라는 점을 이야기한다. 이 차이는 종종 성공작과 실패작을 만들기도 한다.

사용자 경험은 제품이나 서비스의 내부적인 동작 원리에 대한 것이 아니다. 사용자 경험은 사람이 기능과 맞닿게 되는 표면적인 작동 방식에 대한 개념이다. 누군가 어떤 제품이나 서비스에 대해서 사용 소감을 묻는다면, 그 사람은 사용자 경험에 대해서 물어 보고 있는 것이다. 단순한 기능을 수행하기가 어렵지는 않은가? 사용법을 알기는 쉬운가? 제품과의 상호작용이 어떤 느낌을 주는가?

알람 시계나 커피메이커, 현금 등록기 같은 기술적인 제품의 경우, 상호작용을 하다 보면 다양한 버튼을 눌러야 하는 경우가 생긴다. 가끔은 자동차에 붙은 주유구 뚜껑처럼 단순하고 물리적인 기구에 불과한 경우도 있다. 하지만 그 제품이 책이든, 케첩 병이든, 안락의자든, 스웨터든 뭐든 누군가에 의해 사용되는 모든 것은 사용자 경험이라는 측면을 가지고 있다.

제품이나 서비스는 어떤 종류든 사소한 부분이 중요한 법이다. 버튼을 누를 때 딸깍 소리가 나는 것이 그다지 대단치 않아 보일런지 몰라도, 그 딸깍 소리가 커피를 마실 수 있느냐 없느냐의 차이를 만들게 된다면 매우 중요한 문제가 된다. 버튼 설계가 문제의 원인이라는 점을 깨닫지 못한다고 할지라도, 당신이 커피메이커를 어떤 경우에만 제대로 사용할 수 있다면 그 제품에 대해서 무슨 생각을 하게 될까? 그 제조사에 대해서는 어떤 느낌을 가질까? 다음에 그 회사의 제품을 다시 사게 될까? 아마도 아닐 것이다. 결국, 회사는 딸깍거리는 버튼을 만들지 않음으로써 고객 한 명을 잃게 된다.

Ⅰ 제품 디자인에서 사용자 경험 디자인으로

대부분의 사람들은 제품 디자인에 대해서 생각할 때 (일단 제품 디자인에 대해서 관심이 있다는 전제 하에), 주로 미적인 매력을 떠올린다. 잘 디자인된 제품은 시각적으로나 촉각적으로 훌륭하다는 것이다(대부분의 제품은 후각이나 미각과는 상관이 없다. 소리에 대한 측면은 자주 무시될 때가 있지만, 제품이 가진 미적인 매력에 중요한 요소가 되기도 한다). 스포츠카의 몸체를 따라 흐르는 곡선이든 전동 드릴의 손잡이에서 느껴지는 질감이든, 제품 디자인에 있어서 미적인 측면은 그 제품이 주목을 받는 데에 분명히 도움이 된다.

사람들이 생각하는 제품 디자인의 또 다른 공통점은 기능적인 측면이다. 잘 디자인된 제품은 그 본연의 기능을 제대로 수행한다. 그리고 잘못 디자인된 제품들은 날이 서 있어도 똑바로 잘리지 않는 가위라든가 잉크가 들어 있는데도 써지지 않는 만년필, 수시로 종이가 끼어 멈춰 버리는 프린터와 같이 자신의 기능을 기대한 만큼 수행하지 못한다.

이 모든 사례는 분명하게 디자인이 실패한 경우라고 할 수 있다. 이런 제품들은 모양새가 보기 좋고 기능도 그럭저럭 동작할지 모르지만, 사용자 경험을 염두에 두고 제품을 디자인한다는 것은 단순히 기능적이거나 미적인 면을 뛰어넘는다.

심지어 제품을 만드는 사람들 중에는 디자인에 대해서 전혀 고민하지 않는 사람도 있을 수 있다. 그런 사람들에게 있어서 제품을 만든다는 것은 제품이 시장에서 팔릴 만한 물건이 될 때까지 특징적인 기능들을 추가하고 다듬는 개발 과정일 뿐이다. 그런 관점에서 보면 제품의 디자인은 기능에 의해서 결정된다(혹은 디자이너들이 즐겨 말하듯이, '형태는 기능을 따른다.'). 제품의 사용자에게서 감춰져 있는 부분인 내부적인 동작을 구현할 때에는 이런 접근이 타당하다. 하지만 사용자가 보게 되는 버튼이나 화면, 표시된 문구 등에 대한 '올바른' 형태는 결코 그 제품의 기능을 따르지 않으며, 바로 사용자들의 심리와 행동에 의해서 판가름 난다.

사용자 경험 디자인은 종종 맥락의 문제를 다룬다. 미적인 디자인은 커피메이커에 달린 버튼이 매력적인 형태와 질감을 갖도록 한다. 기능적인 디자인은 그 버튼이 제품의 적절한 기능으로 연결되도록 한다. 이에 비해 사용자 경험 디자인은 "기능의 중요성에 비해서 버튼이 너무 작지는 않나?" 같은 질문을 통해 버튼의 미적인 면과 기능적인 면이 제품의 전반적인 맥락과 잘 어우러지도록 하며, 또한 "같이 쓰이는 다른 버튼들과 비교했을 때 이 버튼의 위치는 적절한가?" 같은 질문을 통해 버튼이 사용자가 의도한 목적의 맥락에 맞게 동작하도록 한다.

| 경험(을 위한) 디자인: 중요한 것은 사용이다.

제품을 디자인하는 것과 사용자 경험을 디자인하는 것이 어떻게 다를까? 결국 사람들을 위한 모든 제품에는 사용자가 있고, 제품이 사용될 때마다 어떤 경험이 생기기 마련이다. 의자나 탁자 같은 단순한 제품을 생각해 보자. 의자를 사용한다는 의미는 거기에 앉는다는 것이고, 탁자를 사용한다는 의미는 다른 물건을 그 위에 올려놓는 것이다. 두 경우 모두, 이를테면 의자가 몸무게를 지탱하지 못한다거나 탁자가 흔들거린다면 그 제품은 만족스러운 경험을 제공하지 못하게 된다.

하지만 의자나 탁자 같은 제품을 양산하는 회사들은 보통 사용자 경험 디자이너를 채용하지 않는다. 이렇게 단순한 경우에는 성공적인 사용자 경험을 제공하기 위한 요건이 제품 자체의 정의에 포함되어 있는 것이다. 결국 앉을 수 없는 의자는 의자라고 할 수 없으니까.

그렇지만 보다 복잡한 제품의 경우에는 성공적인 사용자 경험을 제공하기 위한 요건이 제품의 정의에 달려 있지 않다. 전화기라는 제품은 통화를 주고받는 기능에 의해서 정의될지 몰라도 이 기본적인 정의에 부합하면서 다양한 수준의 성공적인 사용자 경험을 제공하는 전화기의 가짓수는 무한하다고 말할 수 있다.

그리고 제품이 복잡해질수록, 사용자에게 성공적인 경험을 제공하는 구체적인 방법은 점점 더 어려워진다. 제품에 기능이 하나 추가되거나 사용상의 절차가 하나 더 추가될 때마다, 제품이 제공하는 사용자 경험이 실패할 가능성은 조금씩 높아진다. 이를테면 오늘날의 휴대폰은 1950년에 책상에 올려놓고 쓰던 전화기보다 훨씬 더 많은 기능을 갖게 되었으며, 그렇기 때문에 성공적인 제품을 만드는 과정은 크게 달라져야만 한다. 이것이 제품 디자인이 사용자 경험 디자인에 도움을 받아야 하는 이유다.

| 사용자 경험과 웹

사용자 경험은 모든 종류의 제품과 서비스에 있어서 생사가 달린 문제다. 이 책은 특히 그중 하나인 웹사이트를 중점적으로 다루고 있다(여기서 웹사이트란 콘텐츠 중심의 웹 서비스와 상호작용하는 웹 애플리케이션을 포괄한다). 웹에 있어서의 사용자 경험은 다른 종류의 제품보다 더욱 중요하며, 웹에서 사용자 경험을 구축하면서 축적된 지식은 다른 분야에도 적용될 수 있다.

    웹사이트는 복잡한 기술의 산물이며, 사람은 이 복잡한 기술의 산물을 사용하다가 문제가 생기면 희한하게도 스스로를 탓하는 경향이 있다. 사람들은 자신이 뭔가 잘못을 저질렀다고 생각하게 되는 것이다. 제대로 집중을 하지 않았다고 여기거나, 그냥 멍청한 짓을 했다고 생각한다. 당연히 이런 반응은 이성적인 판단이 아니다. 어떤 경우든 웹사이트가 기대했던 대로 동작하지 않은 게 사용자의 잘못은 아니지만 사람들이 그렇게 느끼는 것이다. 사람들이 당신의 웹사이트나 제품을 사용할 때마다 스스로를 멍청하다고 여기게 된다면, 그 사람들은 곧 이를 멀리하게 될 것이다.

    거의 모든 경우, 웹사이트는 사용자가 알아서 사용하는 제품이다. 미리 읽어 볼 수 있는 사용 설명서도 없고, 사용법을 가르쳐 주는 강의도 없으며, 웹사이트를 어떻게 쓰는지 찬찬히 알려 주는 고객 서비스 직원도 없다. 오직 사용자만이 자신의 생각과 개인적인 경험에 의지해서 마주한 웹사이트를 이해해야 한다.

    사용자가 웹사이트의 사용법을 자기 스스로 파악해야 하는 상황에 있다는 사실만으로도 충분히 좋지 않은데, 대부분의 웹사이트들이 그런 난처한 상

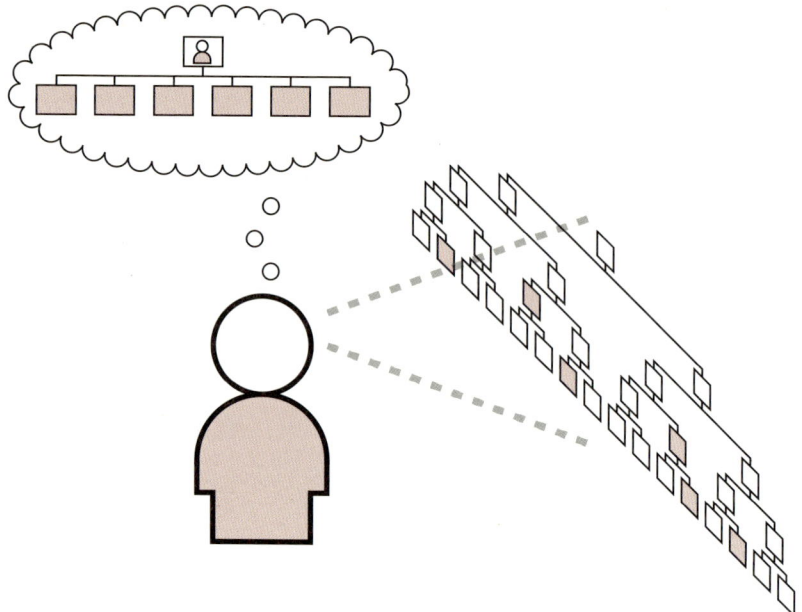

| 다양한 선택의 기회가 주어졌을 때, 사용자는 순전히 자신의 판단에 의해서 그 웹사이트의 어떤 기능이 자신이 원하는 것을 제공해 줄지 결정하게 된다. |

황을 모르고 있다는 사실은 그 상황을 더욱 악화시킨다. 사용자 경험이 웹사이트의 성공에 미치는 전략적이고 치명적인 중요성에도 불구하고, 웹의 역사를 보면 사람들이 무엇을 원하고 필요로 하는지를 이해하는 단순한 일조차도 대체로 우선순위가 낮았다.

   사용자 경험이 웹사이트의 종류를 막론하고 그만큼 중요하다면, 웹사이트 개발 과정에서 그렇게 자주 무시되는 이유는 무엇일까? 많은 사람이 시장 선점이 성공의 열쇠라는 생각을 갖고 웹사이트를 만든다. 웹 초기에는 야후Yahoo! 같은 웹사이트들이 시장을 선점했고, 후발 주자들은 이를 극복하기 위해서 고생해야 했다. 기존의 회사들도 시대에 뒤떨어져 있다는 인상을 주지 않으려고 경쟁적으로 웹사이트를 구축했다. 하지만 대부분의 회사는 웹사이트를 띄워 놓는 것만으로도 훌륭한 성과라고 생각했고, 그 웹사이트가 실제로 사람들에게 도움이 될지 어떨지는 (거기에 관심이 있는 경우라 할지라도) 나중에 생각해 볼 문제로 여겼다.

선두 주자와 싸워서 시장 점유율을 높이기 위해서, 경쟁 업체들은 새로운 고객들을 불러 모을 수 있으리라는 (그리고 어쩌면 경쟁사로부터 고객을 좀 빼앗아 올 수 있으리라는) 기대 속에 더욱 더 많은 내용과 기능을 추가한다. 제품에 보다 많은 기능을 집어 넣으려는 경쟁은 웹에서만 찾아볼 수 있는 상황이 아니다. 기능에 대한 맹신은 손목시계부터 휴대폰에 이르기까지 많은 부류의 제품에 나타나는 고질적인 문제다.

하지만 다양한 기능이 가져다 주는 경쟁력은 일시적인 것에 불과하다는 것이 드러났다. 계속 늘어나는 기능들로 인해서 웹사이트는 점차 복잡해지고, 다루기 까다롭고 사용하기 어려워진 나머지 처음 그 웹사이트를 방문하는 경우에는 매력적으로 보이지 않게 되어 결국 사용자를 모을 수 없게 된다. 그럼에도 여전히 많은 회사들은 사용자가 무엇을 좋아하고, 어떤 것에 가치를 부여하며 실제로 사용할 수 있는지에 대해서는 거의 신경을 쓰지 않는 게 현실이다.

이제 점점 더 많은 기업들이 웹사이트뿐만 아니라 모든 종류의 제품과 서비스에서 훌륭한 사용자 경험을 제공하는 것이 필수적이며, 지속적인 경쟁력을 가져다 준다는 점을 인식하고 있다. 회사 서비스에 대한 고객의 인상을 형성하고, 한 회사를 다른 경쟁사들과 차별화시켜 주고, 고객이 다시 돌아올 것인지를 결정짓는 것은 모두 사용자 경험이다.

| 좋은 사용자 경험이 사업성을 높인다

꼭 인터넷 쇼핑 사이트에 국한된 이야기가 아니다. 웹사이트에서 제공하는 정보가 회사에 대한 것뿐일지라도 그 내용에 대해서 만큼은 독점권을 갖고 있어서, 누구든 그 정보를 원하는 사람은 회사 사이트에 접근하는 수밖에 없을 수도 있다. 이 경우 온라인 서점처럼 극심한 경쟁에 시달리지는 않겠지만, 그렇다고 해서 웹사이트의 사용자 경험을 무시하면 안 된다.

어떤 웹사이트가 담고 있는 것이 대부분 업계에서 말하는 콘텐츠, 즉 정보에 해당한다면 그 웹사이트의 주목적은 정보를 가능한 한 효과적으로 전달하는 일이다. 단순히 콘텐츠를 올려 두는 것만으로는 충분치 않으며, 사람들이 제대로 받아들이고 이해할 수 있도록 표현해야 한다. 그러지 않으면 사용자는 그 웹사이트에서 제공하는 서비스나 제품을 아예 찾지 못할 수도 있다. 또 어찌어찌 필요한 정보를 찾아냈다고 쳐도, 쓰기 까다로운 웹사이트를 만들어 놓은 회사는 결국 사용자들이 기피할 가능성이 높다.

웹사이트가 특정한 일(항공권 구입, 은행 계좌 관리 등)을 수행하기 위한 애플리케이션인 경우에도, 효과적인 정보 전달은 그 제품 성공의 주요 요소이다. 세상에서 가장 훌륭한 기능을 갖고 있어도 사용자가 그걸 어떻게 쓰는지 알아내지 못한다면 제품은 성공할 수 없다.

간단히 말하자면, 나쁜 사용자 경험을 한 고객은 돌아오지 않는다. 당신의 웹사이트에서 그럭저럭 좋은 사용자 경험을 제공하는데 경쟁사에서 더 좋은 사용자 경험을 제공한다면, 고객은 그 경쟁사로 가버릴 것이다. 기능은 언제나 중요하다. 하지만 고객의 충성도에 훨씬 더 큰 영향을 미치는 것은 사용자 경험이다. 훌륭한 기술이나 마케팅으로는 떠나간 고객을 돌아오게 만들지 못하지만, 좋은 사용자 경험을 제공하면 고객을 다시 잡을 수 있다. 그리고 그렇게 만회할 수 있는 기회가 자주 오진 않는다.

웹사이트의 사용자 경험에 관심을 가짐으로써 얻을 수 있는 것은 고객 충성도뿐만이 아니다. 성과를 중시하는 사업이라면 투자수익률Return On Investment, ROI에 관심을 갖는다. 투자수익률은 보통 돈으로 계산되며, 지출한 돈이 얼마나 큰 가치로 돌아오는가 하는 것, 그게 바로 투자수익률이다. 하지만 투자수익률이 꼭 재무적인 관점에서만 표현되진 않는다. 중요한 것은 지출액을 회사에 필요한 가치로 환산할 수 있는 방법이다.

투자수익률을 측정하는 통상적인 방법 중 하나는 전환율conversion rate이다. 웹사이트의 구성을 원하는 대로 변경하는 복잡한 작업에서부터 새 소식을 받아 보기 위해 이메일 주소를 등록하는 단순한 일에 이르기까지, 거기에 대한 전환율을 측정할 수 있다. 사용자 중 몇 퍼센트가 다음 단계로 전환되었는지를 파악하면, 웹사이트가 얼마나 효과적으로 사업 목표를 충족시키고 있는지를 알 수 있다.

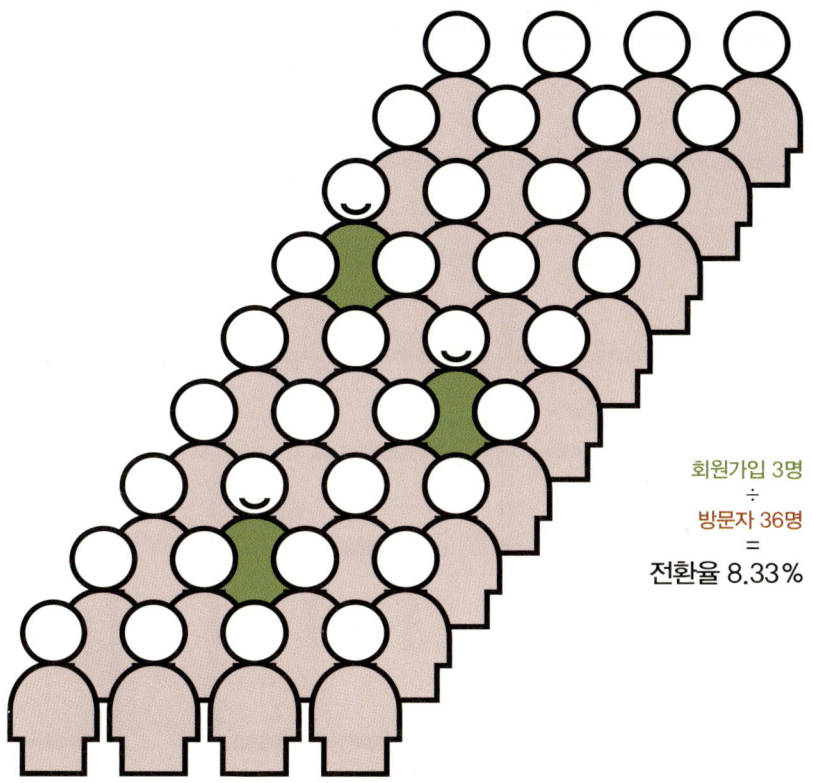

| 전환율은 사용자 경험의 효과를 측정하는 일반적인 방법이다. |

인터넷 쇼핑 사이트의 경우 전환율은 더욱 중요해진다. 인터넷 쇼핑 사이트에서는 실제로 구매하는 사람보다 구경만 하는 사람이 훨씬 많다. 훌륭한 사용자 경험은 그렇게 구경만 하는 사람들을 능동적인 구매자로 전환시킬 수 있는 핵심 요소이다. 전환율은 약간만 올라도 극적인 수입 향상으로 이어질 수 있다. 전환율이 0.1% 올랐을 때 수익이 10% 이상 늘어나는 것도 드물지 않은 일이다.

팔고 있는 상품이 책이든 고양이 사료든 그 웹사이트에 올라온 콘텐츠를 읽을 수 있는 회원 자격이든 간에, 사용자가 돈을 지불하는 것이 포함되어 있는 웹사이트에서는 전환율을 측정할 수 있다. 전환율은 단순 매출액보다 투자수익률을 더 잘 파악할 수 있게 해 준다. 웹사이트에 대한 홍보가 제대로

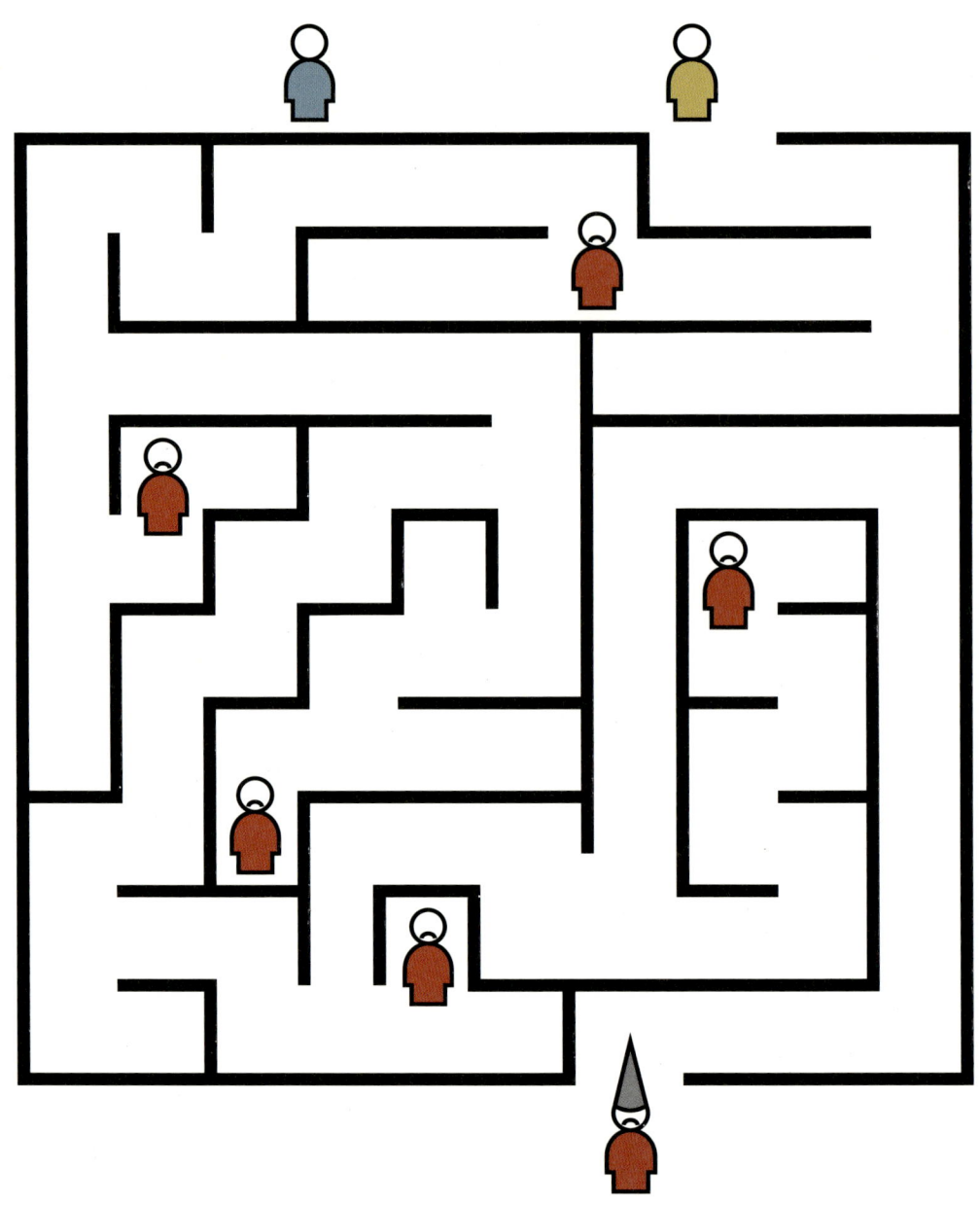

| 사람들이 기대한 대로 바로 동작하지 않는 기술 제품은, 결국 사용자가 원하는 일을 해낼 수 있었다고 해도 스스로를 멍청하다고 여기게 만든다. |

되지 않아도 매출은 떨어질 수 있다. 전환율은 어떤 웹사이트가 방문한 사람들에게 돈을 쓰게 하는 데 있어 얼마나 잘 만들어졌는지를 보여 준다.

웹사이트가 전환율 같은 투자수익률 개념에 부합되지 않는 경우에도, 사용자 경험이 사업에 미치는 영향이 적다고 할 수는 없다. 주 사용자가 고객이든, 협력사든, 직원이든 간에 웹사이트는 매출에 간접적으로 영향을 미치게 된다.

여러분이 운영하는 웹사이트를 회사 사람 외에는 아무도 보지 못할지도 모른다(회사 내에서 사용되는 도구나 인트라넷의 경우가 여기에 해당한다). 하지만 그런 경우에도 사용자 경험은 큰 차이를 가져온다. 때로 그 차이는 어떤 프로젝트가 회사를 위한 가치를 창출하게 될지 자원만 낭비하는 악몽이 될지를 결정짓기도 한다.

사용자 경험에 쏟는 노력은 효율성 향상을 목표로 한다. 이는 사람들이 보다 빨리 작업할 수 있게 하거나, 실수를 덜 하도록 해주는 두 가지 주요 형태로 나타난다. 사용하는 도구의 효율성을 높이면 사업 전반의 생산성을 높여 준다. 특정 작업을 하는데 시간이 조금 걸릴수록 하루에 해낼 수 있는 일은 많아지고, 시간이 돈이라는 오랜 격언에서처럼 직원들의 시간 절약은 바로 사업 비용 절감으로 이어진다.

효율성이 단지 성과에만 영향을 주는 것은 아니다. 사람들은 도구가 자신을 당황스럽게 만들거나 쓸데없이 복잡한 것보다, 자연스럽고 쓰기 편할 때 자신의 업무를 더 즐기기 마련이다. 도구는 하루 일과를 마치고 나서 만족스럽게 집에 돌아갈지 아니면 자기 직업을 혐오하면서 지쳐서 돌아갈지 결정하는 차이를 만들게 된다(효율성이 높은 도구를 사용했다면, 지쳐서 집에 돌아가더라도 최소한 그건 도구 때문에 고생했기 때문이 아니라 다른 이유일 것이다).

직원이 사용자인 경우라면, 이런 도구를 제공하는 것은 단지 생산성만 높이는 게 아니라, 직업 만족도 역시 올려서 직원들이 다른 직장으로 옮겨 갈 확률을 낮춰 준다. 이는 직원 채용과 교육에 필요한 비용을 절약하고, 보다 헌신적이고 숙련된 직원을 통해서 더 높은 품질의 업무를 수행할 수 있다는 뜻이다.

| 사용자에 대한 고려

매력적이고 효율적인 사용자 경험을 만들어 내는 일을 사용자 중심 디자인 user-centered design이라고 부른다. 사용자 중심 디자인의 개념은 아주 간단하다. 제품을 개발하는 모든 과정 하나하나에 있어서 사용자를 고려하면 되는 것이다. 그렇지만, 이 간단한 개념이 함축하고 있는 것은 놀랍도록 복잡하다.

사용자 경험에 관련된 모든 사항은 의식적으로 결정되어야 한다. 현실적으로는 필요한 시간이나 비용 때문에 보다 나은 디자인을 만들기 위해 몇몇 부분에서는 타협이 필요할지도 모른다. 하지만 사용자 중심 디자인 과정은 그런 타협이 그냥 우연하게 일어나지 않도록 해준다. 사용자 경험에 대해서 생각하고, 이를 구성 요소 수준으로까지 분석하며, 여러 가지 관점에서 고찰함으로써, 결정된 디자인에 대한 모든 세부 사항을 분명히 파악할 수 있다.

사용자 경험이 중요한 가장 큰 이유는 그것이 여러분의 사용자에게 중요하기 때문이다. 사용자는 자신에게 긍정적인 경험을 제공하지 못하는 제품은 사용하지 않을 것이다. 그리고 사용하는 사람이 없다면, 남은 건 아무도 주지 않는 임무를 수행하려고 무의미하게 기다리며 어딘가에 먼지를 뒤집어 쓰고 있을 웹 서버나 창고에 가득한 제품뿐이다. 일단 사용자가 찾아와 준다면 여러분은 그 사용자에게 매력적이고 직관적인 것은 물론 어쩌면 즐거움을 줄 수도 있는, 모든 것이 기대하는 대로 움직여 주는 그런 경험을 제공할 준비가 되어 있어야 한다.

2
UX 요소를 만나다

2
Meet the
Elements

사용자 경험 디자인 과정의 핵심은 사용자가 제품을 통해서 얻는 경험이 어떤 경우라도 의식적이고 분명한 설계 의도에 기반해서 일어나도록 하는 것이다. 이는 사용자가 할 수 있는 모든 행동의 가능성을 고려하고, 제품의 사용 과정 전반에 걸친 모든 단계에서 사용자의 기대를 이해해야 한다는 뜻이다. 이는 어마어마한 일처럼 들리고, 어떤 면에서는 사실 그렇다. 하지만 사용자 경험을 만들어 내는 작업을 그 요소 수준으로 쪼개어 살펴보면, 보다 전반적으로 잘 파악할 수 있다.

| 다섯 겹의 층

대부분의 사람은 한 번쯤 웹사이트에서 상품을 구매해 본 적이 있다. 이 경험은 매번 거의 비슷하기 마련이다. 웹사이트로 가서, 원하는 물건을 찾고(검색 기능을 이용할 수도 있고, 목록을 뒤져 볼 수도 있다), 웹사이트에 신용카드 번호와 주소를 입력하면, 웹사이트는 상품이 입력한 주소로 배송될 거라고 확인해 준다.

이 깔끔하게 정리된 경험은 사실 웹사이트가 어떻게 보여야 하고, 어떻게 동작해야 하며, 사용자는 어떤 조작을 할 수 있는지에 대한 크고 작은 결정들의 산물이다. 이러한 결정들은 서로 깊이 관련되어 있으며, 사용자 경험의 모든 측면에 걸쳐 영향을 미친다. 사용자 경험을 이루는 각각의 층을 벗겨 보면, 그런 결정이 어떻게 내려졌는지를 이해할 수 있다.

표면층 The Surface Plane

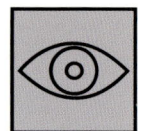
웹사이트의 표면에는 글과 그림으로 이루어진 일련의 웹페이지들이 나타난다. 어떤 그림들은 사용자가 클릭할 수 있어서 장바구니 영역으로 이동하는 기능을 수행할 수 있고, 어떤 그림은 상품의 사진이라든가 웹사이트의 로고처럼 장식적인 목적만을 갖는다.

골격층 The Skeleton Plane

표면층 아래에는 웹사이트의 골격이 자리잡고 있는데, 이 곳에 버튼, 조작부, 사진, 글 등을 배치한다. 골격은 이 요소들이 최고의 효과와 효율성을 갖는 위치에 놓이도록 설계되어 있어서, 사용자가 웹사이트의 로고를 기억하거나 필요할 때 장바구니 버튼을 찾을 수 있도록 해 준다.

구조층 The Structure Plane

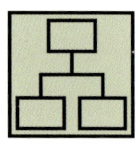
골격은 웹사이트의 보다 추상적인 구조를 구체적으로 표현한 것이다. 골격이 결제 페이지에서 인터페이스 요소들의 위치를 규정한다면, 구조는 사용자들이 어떻게 결제 페이지로 들어가는지, 그리고 결제를 마친 후에는 어느 페이지로 이동할 수 있는지를 정의한다. 사용자가 분류에 따라 제품들을 훑어볼 수 있게 해 주는 메뉴의 위치를 결정하는 게 골격이라면, 구조는 그 분류를 정의한다.

범위층 The Scope Plane

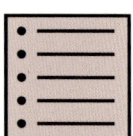
웹사이트의 다양한 기능이 서로 어울리는 방식은 구조를 통해 정의되지만, 어떤 기능들을 다룰 것인가는 웹사이트의 범위에 해당한다. 이를테면 어떤 인터넷 쇼핑 사이트는 사용자가 이전에 썼던 배송 주소를 저장했다가 다시 불러올 수 있게 해 주는 기능을 제공한다. 웹사이트에 이 기능을 포함시킬지 말지를 결정하는 일은 범위의 문제다.

전략층 The Strategy Plane

근본적으로 범위는 웹사이트의 전략에 의해서 규정된다. 전략은 단지 그 웹사이트를 운영하는 사람들이 원하는 것뿐만 아니라, 사용자들이 그 웹사이트를 통해서 얻고자 하는 것도 포함한다. 인터넷 쇼핑의 사례에서는 전략적인 목표가 상당히 명확하다. 사용자는 상품을 구매하고 싶어하고, 회사는 상품을 팔고 싶어한다. 하지만 다른 목표, 예컨대 광고라든가 사용자가 만든 콘텐츠와 같은 항목이 사업 모델에 미치는 영향 같은 것은 그렇게 쉽게 설명하기가 어려울 수도 있다.

⎪ 구축은 아래에서 위로

전략, 범위, 구조, 골격, 표면 이 다섯 개 층은 사용자 경험 문제와 그 해결 방법을 논의하는 데 필요한 개념적인 틀을 제공해 준다.

각각의 층을 통해서, 우리가 다뤄야 하는 주제는 추상적인 것에서 점점 더 구체적인 것이 된다. 가장 낮은 층(전략)에서는 웹사이트나 제품이나 서비스의 최종적인 형태에 대해서는 전혀 신경 쓰지 않으며, 그 웹사이트가 우리의 전략에 부합하는지(그리고 대상으로 삼는 사용자의 요구를 충족시키는지) 여부에만 관심이 있다. 가장 높은 층(표면)에서는 제품의 겉모습에 대한 아주 상세한 세부사항에만 집중한다. 한 층씩 높아질 때마다 더욱 더 구체적인 수준의 결정을 내려야 하고, 좀 더 세부적인 내용을 고려해야 한다.

각각의 층은 그 아래에 있는 층으로부터 영향을 받는다. 다시 말해서 표면은 골격에 의해서 결정되고, 골격은 구조에 의해서, 구조는 범위에 의해서, 범위는 전략에 의해서 결정되는 것이다. 선택할 때 위아래층이 서로 일관되지 않으면, 프로젝트는 산으로 가고 기한 내에 마치지 못하게 되며 개발팀이 서로 자연스럽게 어울리지 않는 구성 요소들을 짜 맞추려고 애쓰느라 비용은 급격히 증가할 것이다. 더욱 나쁜 것은, 결국 그 제품이 시장에 나온다고 하더라도 만족스러운 경험을 제공해 주지 않기 때문에 사용자들이 싫어할 가능성이 높다는 점이다. 이러한 각 층의 관계는, 맨 아래 전략층에서 내려진 결정들이 그 위의 모든 층에 줄줄이 파급 효과를 주게 된다는 것을 의미한다. 또한 반대로 각 층에서 취할 수 있는 선택은 그 아래층에서 내린 결정에 의해서 제약된다.

하지만 그렇다고 해서 위쪽 층의 문제를 다루기 전에 아래쪽 층에서의 모든 결정이 내려져야 한다는 것은 아니다. 이들 사이의 의존성은 양방향으로 적용되어, 때로는 위쪽 층에서의 결정이 아래쪽 층에서의 문제를 재평가하는 계기가 될 수도 있다. 각각의 층에서는 경쟁 업체의 상황, 업계의 모범 사례, 사용자에 대한 지식, 일반적인 상식을 바탕으로 결정을 내린다. 이런 결정들은 양방향으로 파급 효과를 가져올 수 있다.

위층에서 무슨 결정을 하기 전에 그 아래층에서 내린 결정이 완전히 확정

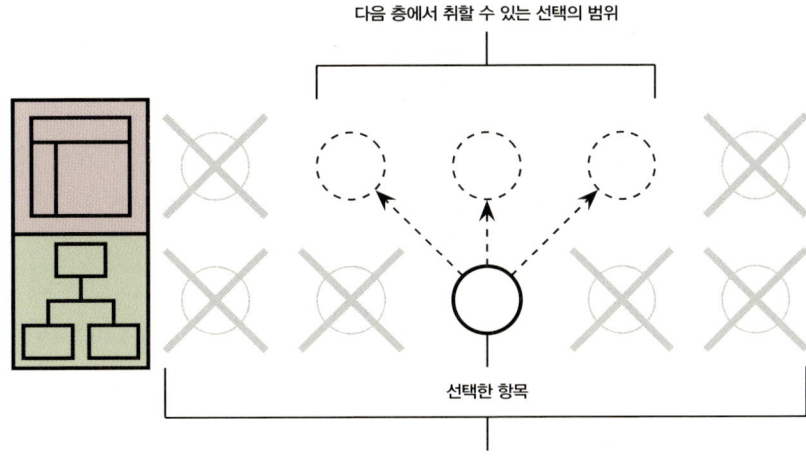

| 각 층에서의 선택은 그 위에 있는 다음 층에서 취할 수 있는 선택에 영향을 미친다. |

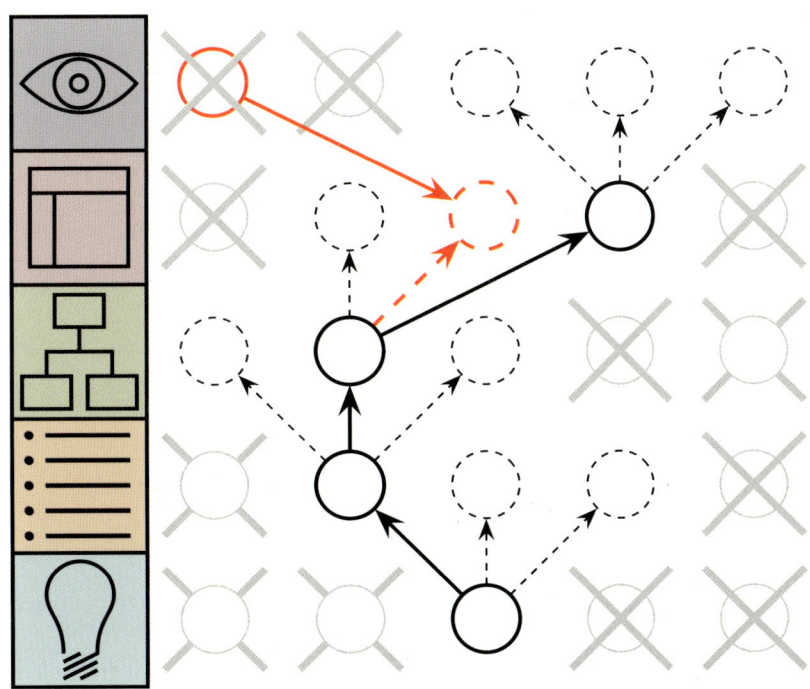

| 이 파급 효과는 위쪽 층에서 범위를 벗어난 선택을 하게 될 경우 아래쪽 층에서 내린 결정을 다시 생각해 봐야 한다는 것을 의미한다. |

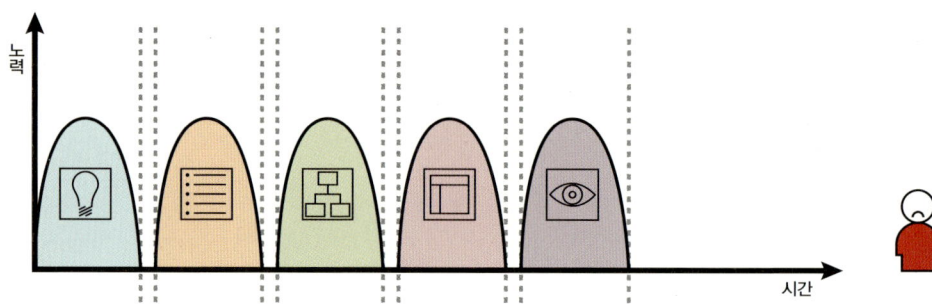

| 각 층에서의 작업을 끝내고 나서 그 다음 층으로 가도록 정해 놓으면, 여러분에게도 사용자에게도 불만족스러운 결과가 나올 수 있다. |

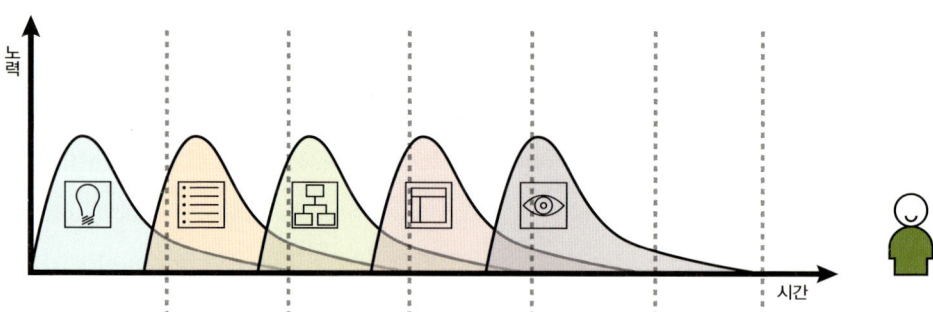

| 더 나은 방법은 각 층의 작업을 그 다음 층의 작업이 끝나기 전까지만 마무리하기로 하는 것이다. |

됐다고 생각한다면, 프로젝트는 틀림없이 위험에 빠지게 되고 최종 제품의 성공도 불가능하게 될 것이다.

그 대신, 프로젝트를 계획할 때 어떤 층에 대한 작업을 그 아래층의 작업이 마무리되기 전에는 끝내지 않도록 해야 한다. 여기서 명심해야 할 점은, 집의 기초를 세우기 전에 지붕을 짓는 잘못을 저지르면 안 된다는 것이다.

태생적인 이중성

물론 사용자 경험은 다섯 가지 요소만으로 설명할 수 있는 게 아니다. 다른 전문 분야와 마찬가지로, 사용자 경험 분야 역시 그 안에서 다양한 전문용어들을 발전시켜 왔다. 이 분야에 처음 발을 들인 사람은 인터랙션 디자인, 인포메이션 디자인, 인포메이션 아키텍쳐˙ 등과 같이 비슷비슷한 용어들을 한꺼번에 접하게 된다. 이게 다 무슨 뜻인가? 뭔가 뜻이 있기는 한가? 아니면 그저 의미 없는 업계의 유행어에 불과한가?

심지어 사람들은 같은 용어를 서로 다른 의미로 사용하기도 한다. 어떤 사람은 '정보 디자인information design'이라는 용어를 다른 사람이 '정보 설계 information architecture'라고 알고 있는 의미로 사용한다. 또 '정보 디자인'과 '인터랙션 디자인interaction design'은 서로 다른 뜻인가? 만약 그렇다면 어떻게 다른가?

웹이 처음 생겼을 때, 가장 중요한 것은 정보였다. 사람들은 문서를 만들고, 그걸 다른 문서와 연결할 수 있게 됐다. 웹의 창시자인 팀 버너스-리Tim Berners-Lee는 고에너지 물리학 분야의 연구자들을 위해서 웹을 만들었고, 이 발명은 세계로 퍼져 나가 서로의 연구 결과를 공유하고 참조하는 데 사용됐다. 그는 웹이 보다 큰 잠재력을 갖고 있다고 생각했지만, 그 생각을 이해해준 사람은 거의 없었다.

웹은 처음에는 새로운 출판매체로 받아들여졌으나, 점차 기술이 발전하고 웹 브라우저와 웹 서버 등에 새로운 기능들이 추가되면서 새로운 능력을 갖추게 됐다. 웹이 인터넷 사용자들 사이에 널리 퍼지게 되면서, 웹사이트를 통해 단지 정보를 공유하는 것뿐만 아니라 수집하고 가공할 수도 있는 더 복잡한 기능이 개발되었다. 이러한 변화와 함께 웹은 전통적인 데스크탑 애플리케이션처럼 만들어지거나 심지어 더 나은 방식으로 사용자 입력에 반응하는 등 더욱 높은 수준의 상호작용을 지원하게 됐다.

웹에 대한 상업적인 관심이 생기면서, 이러한 기능들은 전자상거래, 소셜 미디어, 인터넷뱅킹을 비롯해서 다양한 방식으로 사용되었다. 한편 웹은 출판매체로도 꾸준히 성장하여, 웹으로만 출판되는 블로그blog나 전자잡지 e-zine가 수많은 신문이나 잡지 웹사이트에 등장하게 되었다. 처음에는 모두

• 이 책의 나머지 부분에서는 명확한 의미 전달을 위해서 인터랙션 디자인interaction design은 그대로, 인포메이션 디자인information design은 '정보 디자인'으로, 인포메이션 아키텍쳐information architecture는 '정보 설계'로 번역했다.

| 기능으로서의 제품 | 정보로서의 제품 |

표면층

골격층

구조층

범위층

전략층

구체적 ↑
↓ 추상적

정적인 정보를 모아 놓고 때때로 갱신하던 것도, 데이터베이스에 기반해서 끊임없이 바뀌며 보다 동적인 웹사이트로 발전했다.

웹 사용자 경험에 관심을 갖는 사람들이 모이기 시작했을 때, 두 가지 다른 언어가 사용됐다. 한쪽에서는 모든 문제를 애플리케이션 디자인의 문제로 보고 전통적인 컴퓨터 소프트웨어 분야의 문제해결 방식을 적용했다(이는 사실 자동차에서 운동화까지 모든 종류의 제품을 만드는 데에 공통적으로 써오던 방법에서 비롯된 것이다). 다른 사람들은 웹을 정보의 분배와 조회 문제로 보고 출판, 미디어, 정보과학 분야에서 전통적으로 사용하던 문제해결 방식을 적용했다.

이것은 상당한 장애물이 되었다. 기본적인 용어부터도 합의되지 않은 상황인 만큼 이 분야에서의 발전도 거의 이루어지지 않았다. 대다수의 웹사이트가 양쪽의 특징을 모두 조합해서 갖고 있어서 기능적인 애플리케이션과 정보 제공의 역할 사이에서 깔끔하게 구분되지 않는다는 사실 때문에 상황은 더욱 혼란스러워졌다.

이렇게 웹이 갖고 있는 태생적인 이중성을 이해하기 위해서, 앞서 말한 다섯 개의 층을 한가운데서 갈라 보자. 왼쪽에는 기능을 위한 기반으로서의 웹에 해당하는 요소들을 놓고, 정보를 위한 매체로서의 웹에 해당하는 요소들은 오른쪽에 놓는다.

기능 측면을 고려할 때는 주로 과업task, 즉 어떤 과정에 따르는 단계와 이를 완료하는 데에 대한 사람들의 생각에 관심을 갖는다. 여기서의 제품이란 하나 혹은 일련의 도구로서 사용자가 이를 써서 작업을 해낼 수 있도록 하는 것이다.

반대 측면에서는, 제품이 어떤 정보를 제공하고 그게 사용자에게 주는 의미에 관심을 갖는다. 많은 정보 속에서의 사용자 경험은 사람들이 제공되는 정보를 찾아서 확인하고 이해할 수 있도록 해주는 것이다.

❙ 사용자 경험의 요소

이제 우리는 헷갈리는 용어들을 모두 이 모델에 연결할 수 있게 됐다. 각각의

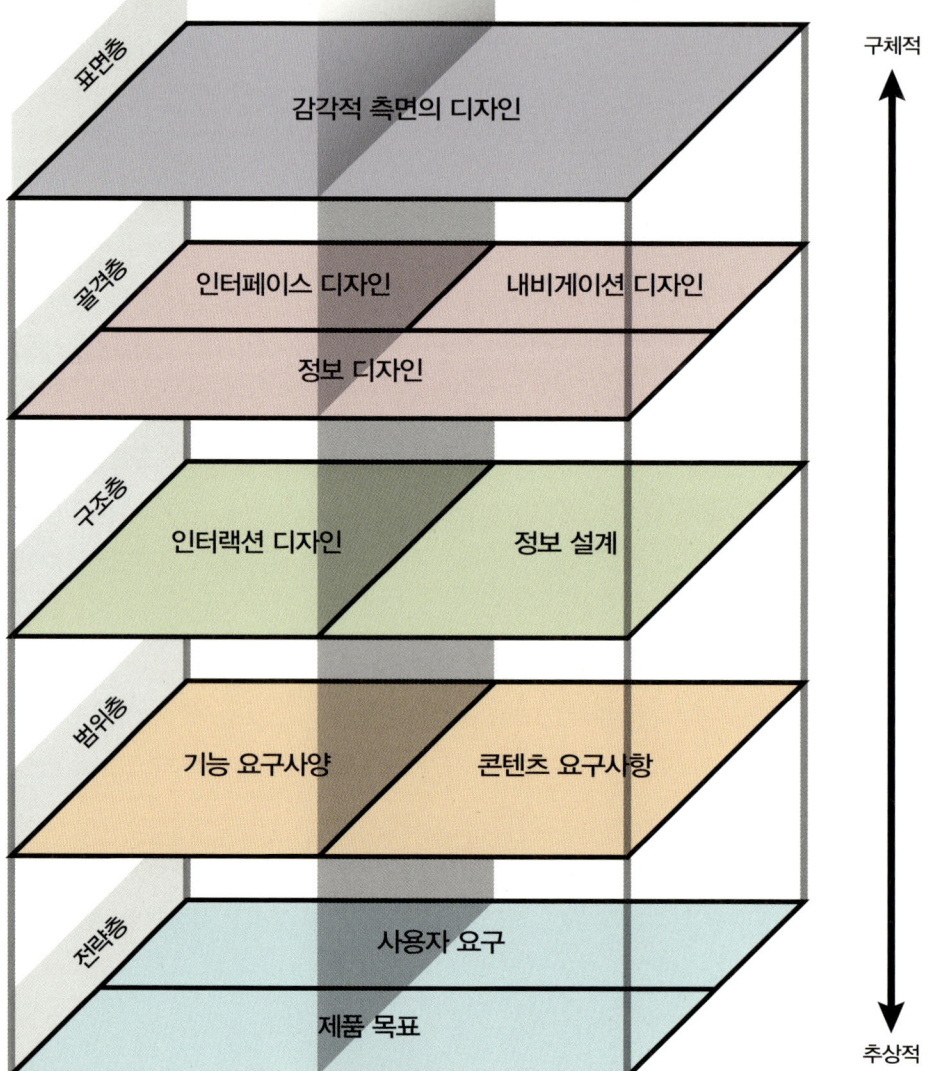

층을 구성요소로 해부해 봄으로써, 사용자 경험 전반을 디자인하는 데 있어서 각 부분이 어떻게 조화를 이루는지 더 자세히 살펴볼 수 있을 것이다.

전략층

기능 위주의 제품과 정보 위주의 서비스는 모두 똑같은 종류의 전략적인 고려가 필요하다. 웹사이트에 대해서 개발팀 외의 사람들, 특히 그 웹사이트를 사용하게 될 사람들로부터 주어지는 목표는 사용자의 요구사항이 된다. 사용자가 원하는 게 무엇인지, 그리고 그것이 사용자가 가진 다른 목표들과 어떻게 맞아 떨어지는지를 이해해야 한다.

　웹사이트를 개발할 때 중요한 것은 사용자의 요구사항을 다루는 균형 감각이다. 이런 제품 목표는 사업 목표가 될 수도 있고('올해 웹사이트를 통한 백만 달러 매출 달성'), 다른 종류의 목표가 될 수도 있다('유권자들에게 다음 선거의 후보자 정보 전달'). 이에 해당하는 요소에 대해서는 3장에서 보다 자세히 다룬다.

범위층

기능의 측면에서 보면, 전략은 제품에 들어갈 '기능 목록'인 기능 사양서의 작성 과정을 통해 범위로 도출된다. 정보의 측면에서 보면, 범위는 웹사이트에 필요한 다양한 내용에 대한 설명인 콘텐츠 요구사항의 형식을 띠게 된다. 범위층의 요소에 대해서는 4장에서 다룬다.

구조층

범위는 기능 측면의 경우 사용자에 대한 시스템의 반응과 행동 방식을 정의한 인터랙션 디자인 작업을 통해 구조를 갖추게 된다. 정보 측면에서는 콘텐츠를 사람들이 이해하기 쉽도록 배치하는 작업인 정보 설계를 통해서 구조가 결정된다. 이에 대한 자세한 내용은 5장에서 다룬다.

골격층

골격층은 세 가지 요소로 구분된다. 기능과 정보의 어떤 경우든지, 정보를 이해하기 쉽게 표시하는 정보 디자인의 과정이 포함되어야 한다. 기능 위주 제품의 경우 골격층은 인터페이스 디자인, 즉 사용자가 시스템의 기능과 상호작용할 수 있도록 인터페이스 요소들을 배열하는 작업을 포함한다. 정보 서비스에서 인터페이스에 해당하는 것은 내비게이션 디자인으로, 이는 사용자가 정보 구조 사이를 돌아다닐 수 있게 해주는 화면 요소들을 말한다. 6장에서 골격층에 대해서 더 자세히 다룬다.

표면층

마지막으로 표면층이 있다. 기능 제품을 다루든 정보 서비스를 다루든, 표면층에서의 관심사는 항상 완성된 제품이 제공하는 감각적인 경험에 대한 부분이다. 이 대목은 생각보다 까다로운데, 여기에 대한 내용은 모두 7장에서 찾아볼 수 있다.

| UX 요소의 활용

여러 개의 상자와 층으로 깔끔하게 나뉘어 있는 UX 요소 모델은 사용자 경험과 관련된 문제를 생각할 때 편리하게 쓰일 수 있다. 물론 현실적으로는 각 영역 사이의 구분이 그렇게 명확하지는 않다. 어떤 특정한 사용자 경험 문제를 해결하려고 할 때, 대부분의 경우 어느 요소에 집중해야 하는지 파악하는 일은 어렵다. 시각적인 부분을 바꾸면 해결이 될까? 아니면 근본적인 내비게이션 디자인을 다시 작업해야 할까? 어떤 문제는 해결하려면 몇 개 영역을 동시에 신경 써야 하고, 어떤 문제는 기능과 정보 사이의 경계에 정확히 걸쳐 있는 것처럼 보인다.

제품이나 서비스가 UX 요소 모델의 어느 한쪽에만 속하는 경우는 거의 없다. 각각의 층에 포함된 요소들은 그 층의 목적을 완수하기 위해서 서로 영향을 주며, 한 요소에 대해서 내린 결정이 그 요소에 미치는 영향과 다른 요소에 미치는 영향을 구분해 내는 것은 매우 어렵다. 예를 들어, 어떤 제품의 골격은 정보 디자인, 내비게이션 디자인, 인터페이스 디자인이 함께 정의하는 것이다. 모든 층에 있는 요소들은 서로 다른 방식의 역할을 갖고 있지만, 모두 넓은 의미의 사용자 경험을 결정하는 공통적인 역할을 한다.

회사에서 사용자 경험에 대한 책무를 맡기는 방식 때문에 일이 더욱 복잡해지기도 한다. 어떤 회사에서는 정보설계사 혹은 인터페이스 디자이너라는 직함을 가진 사람을 만나게 된다. 그런 명칭 때문에 혼란스러워 할 필요는 없다. 이런 사람들은 그 직함에서 말하는 분야뿐만 아니라, 사용자 경험의 여러 요소들을 아우르는 전문성을 갖고 있다. 이런 분야 하나하나마다 전문가를 두어 팀을 꾸릴 필요는 없지만, 대신 각각의 분야를 고민하기 위해서 누군가가 업무 시간을 할애하여 일하도록 하면 된다.

이 책에서 상세히 다루지는 않지만, 최종적인 사용자 경험을 만드는 데는 두 가지 추가적인 요소가 있다. 첫 번째는 **콘텐츠**다. 옛날 격언에(웹 업계에서의 옛날이긴 하지만) '콘텐츠가 왕이다'라는 말이 있다. 그건 절대적으로 옳은 말이다. 대부분의 웹사이트가 사용자에게 제공할 수 있는 것 중 가장 중요한 점은 그 웹사이트의 사용자가 가치 있다고 생각하는 콘텐츠다.

사용자는 그냥 여기저기 돌아다니는 재미를 느끼려고 웹사이트를 방문하는 게 아니다. 웹사이트에서 제공하거나 찾고 관리할 수 있는 콘텐츠는 그 웹사이트가 자리잡는 데 큰 역할을 한다. 이를테면 온라인 상점 같은 경우에는 사용자에게 판매 중인 책의 표지 그림을 보여 주기로 결정할 수 있다. 그런 자료를 구할 수 있다면 이를 제대로 분류하고 관리하고 갱신할 수 있는 방법이 필요하진 않을까? 표지 그림을 아예 구할 수 없는 경우에는 어떻게 할까? 콘텐츠에 대한 이러한 사항들은 웹사이트의 궁극적인 사용자 경험에 있어서 본질적인 질문이다.

두 번째로, **기술**도 성공적인 사용자 경험을 만드는 데 콘텐츠 만큼이나 중요한 역할을 한다. 많은 경우, 사용자에게 제공할 수 있는 경험의 특징은 대체로 기술에 의해서 결정된다. 웹 초기에는 웹사이트를 데이터베이스와 연결하는 데 꽤 원시적이고 제한이 많은 도구를 사용했다. 하지만 기술이 발전하면서, 웹사이트 운영에 있어서 데이터베이스의 역할은 점차 확대되었다. 이는 점점 더 복잡한 사용자 경험, 이를테면 사용자가 웹사이트를 사용하는 경로에 따라 바뀌는 동적인 내비게이션 시스템 등을 가능하게 했다. 기술은 늘 변하고 있으며, 사용자 경험 분야는 그에 맞춰 변해 가야 한다. 그렇지만 그 어떤 경우라도 사용자 경험의 기초적인 요소들은 바뀌지 않는다.

UX 요소 모델이 웹사이트에 대한 내 개인적인 고민을 통해서 만들어지기는 했지만, 많은 사람들이 이를 다양한 범위의 제품과 서비스에 적용했다. 웹 분야에서 일하고 있다면 이 책의 모든 내용을 직접적으로 활용할 수 있다. 다른 기술을 사용하는 제품을 다루고 있는 사람은 평소에 하던 고민과 매우 비슷한 내용을 보게 될 것이다. 기술과는 전혀 상관없는 제품이나 서비스를 다루고 있다고 하더라도 개념 자체를 작업 방식에 맞춰 적용할 수 있다.

이 책의 나머지 부분에서는 각 층에 속하는 UX 요소들에 대해서 더욱 자세히 살펴보게 된다. 각각의 요소를 다루는 데 있어서 사용되는 일반적인 도구와 기법도 상세하게 살펴볼 것이다. 이러한 과정을 통해서, 우리는 이런 요소들이 웹사이트가 아닌 제품의 경우 어떻게 각자의 역할을 하는지 볼 수 있다. 또한 각 층의 요소들이 갖는 공통점과 차이점은 무엇인지, 그리고 전체 사용자 경험을 만드는 데 있어서 그 요소들이 어떻게 서로 영향을 미치는지 역시 이해하게 될 것이다.

3
전략층
제품 목표와 사용자 요구

성공적인 사용자 경험의 기초는 명확하게 정의된 전략이다.

제품이 회사를 위해서 해줬으면 하는 일과

사용자를 위해서 해줬으면 하는 일을 둘 다 알고 있어야

사용자 경험의 모든 측면에 대한 결정을 내릴 수 있다.

하지만 이런 단순한 질문도 보기보다 대답하기가 까다로울 수 있다.

| 전략 정의하기

웹사이트가 실패하는 가장 일반적인 원인은 기술 때문이 아니다. 사용자 경험도 아니다. 웹사이트가 실패하는 대부분의 이유는 두 가지 기본적인 질문에 대답할 생각을 하지 않았기 때문이다. 이 질문들은 실제로 코드를 작성하거나, 픽셀을 채워 나가거나, 서버를 설치하기 전에 고려되어야 한다.

- 우리는 이 제품을 통해서 무엇을 얻고자 하는가?
- 사용자는 이 제품을 통해서 무엇을 얻고자 하는가?

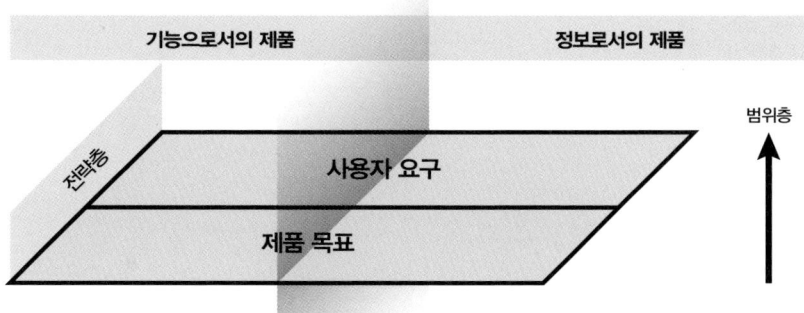

첫 번째 질문에 대한 대답을 통해서, 회사 내부에서 나오는 제품의 목표를 서술한다. 두 번째 질문에서는 회사 외부에서 제품에 대해 기대하는 사용자의 요구를 설명한다. 제품의 목표와 사용자의 요구는 사용자 경험을 디자인하는 데 있어서 모든 결정의 근간이 되는 전략층을 형성하게 된다. 놀라운 사실은, 아직도 많은 사용자 경험 프로젝트가 이 근본적인 전략에 대한 확실하고 명시적인 이해 없이 시작된다는 것이다.

여기서 중요한 것은 명시적이라는 것이다. 우리가 그 제품에 대해서 정확히 무엇을 원하고 다른 사람이 우리에게 정확히 무엇을 원하는지를 명확하게 표현할수록, 그 목적을 이루기 위한 일에 도움이 되는 선택을 보다 정확히 할 수 있게 된다.

| 제품 목표

전략을 명시적으로 만드는 첫 단계는 그 제품이나 서비스에 대한 우리 스스로의 목표를 점검하는 것이다. 많은 경우, 제품 목표는 그 제품을 만드는 사람들 사이에서 묵시적인 이해로만 존재한다. 그런 이해가 말로 계속 표현되지 않는 한, 그 제품이 무엇을 성취해야 하는지에 대한 생각은 사람마다 다를 가능성이 높다.

사업 목표

사람들은 내부적인 전략 목표를 설명하기 위해서 사업 목표라든가 사업 추진 방침 같은 용어를 사용한다. 이 책에서는 제품 목표라는 용어를 사용하고 있는데, 이는 다른 용어들의 의미가 너무 좁거나 혹은 너무 넓기 때문이다. 사업 목표는 모든 종류의 조직에서 갖고 있는 내부 목표를 나타내지 않을 수 있다는 점에서 (모든 조직이 사업체로서의 목표를 갖고 있는 게 아니다) 너무 좁은 용어이고, 되도록 제품 자체에 한정되면서 여타 사업적 활동과는 직접 관련되지 않는 개념이 필요하다는 점에서는 너무 넓은 용어이다.

대부분의 사람은 제품의 목표를 설명하면서 아주 일반적인 용어를 사용한다. 웹사이트의 경우에는 기본적으로 둘 중 한 가지 목적을 수행하게 된다. 회사가 돈을 벌게 해주거나, 회사가 돈을 절약하게 해주거나. 가끔은 두 가지 모두에 해당되기도 한다. 그렇지만 웹사이트가 어떻게 그런 일을 해낼 수 있는지에 대해서는 명확하지 않다.

한편으로, 지나치게 상세한 목표는 그 문제에 대한 전략적인 고려사항을 제대로 담아내지 못한다. 예를 들어서, '사용자에게 실시간 문자 커뮤니케이션 도구를 제공하는 것'이라고 기술된 목표로는 그런 도구가 어떻게 조직의 목표를 성취하고 사용자의 요구를 만족시키는 데에 도움이 되는지 설명할 수 없다.

너무 상세하지도 너무 일반적이지도 않도록 균형을 맞추기 위해서, 문제를 완전히 이해하지 못한 상태에서 해결안을 제시하는 것은 피해야 한다. 성공적인 사용자 경험을 만들기 위해서는 모든 의사결정이 그로 인한 결과에 대한 확고한 이해를 바탕으로 내려지도록 해야 한다. 성공하기 위한 과정을 정의하기에 앞서 성공의 조건을 명확하게 정의하는 것은, 우리가 너무 성급한 결론을 내리지 않게 해준다.

브랜드의 정체성

어떤 제품이든 그 목표를 설정할 때에는, 브랜드 정체성brand identity을 필수적으로 고려해야 한다. 대부분의 사람은 브랜드라는 말을 들으면 상표, 색상표, 글꼴 같은 것을 생각한다. 브랜드의 이런 시각적인 측면이 중요하기는 하지만(이에 대해서는 7장에서 표면층을 다룰 때 보다 자세히 다루게 된다), 브랜드의 개념 자체는 시각적인 영역보다 훨씬 넓다. 브랜드의 정체성, 즉 일련의 개념적인 연상이나 감성적인 반응은 피할 수가 없기 때문에 중요하게 다뤄진다. 사용자와 제품과의 상호작용에서는 반드시 그 제품을 만든 회사에 대한 어떤 인상이 생기게 된다.

회사에 대한 사용자의 인상이 우연에 의해서 만들어지게 내버려 둘 것인지, 아니면 제품을 디자인하는 과정에서 의도적으로 내린 결정의 산물이 되게 할 것인지는 선택의 문제다. 대부분의 회사들은 자사의 브랜드에 대해서 어느 정도 영향력을 갖고 있기를 바라고 있으며, 따라서 제품 목표에 브랜드 정체성 전달이 들어가는 경우도 흔하게 볼 수 있다. 브랜드는 상업적인 회사에만 관련된 사항이 아니다. 웹사이트를 갖고 있는 모든 조직은 비영리재단이든 정부기관이든 개인이든 간에 사용자 경험을 통한 인상을 만들게 된다. 그러한 인상의 특성을 구체적이고 명시적인 목표로서 정의함으로써, 긍정적인 인상을 만들어 낼 가능성을 높일 수 있다.

성공 지표

경주에는 결승점이 있기 마련이다. 목표를 이해하는 데 있어서 중요한 부분 중 하나는 결승점에 도달했다는 것을 어떻게 알 수 있는가 하는 점이다.

이렇게 제품을 세상에 내보낸 후에 내부적으로 설정된 목표와 사용자의 요구를 만족시켰는지를 확인하기 위한 척도를 성공 지표success metrics 라고 한다. 성공 지표를 잘 정의해 두면 프로젝트의 전 과정에 걸쳐 의사결정에 영향을 미치기도 하지만, 그 성과를 달성하게 되면 다음 사용자 경험 프로젝트를 위한 예산을 따내기 위해 의심 많은 사람들을 설득해야 할 때 사용자 경험을 위해서 기울이는 노력의 가치를 증명해 줄 확실한 근거가 된다.

이런 지표가 제품 그 자체는 물론 제품의 사용 행태와 연관되어 있는 경우가 있다. 사용자는 웹사이트에 들어오면 평균적으로 얼마나 많은 시간을 보내는가? (방문기록 분석 도구의 도움을 받으면 이런 내용을 파악할 수 있다.) 사용자들이 웹사이트에 들어와 편안하게 시간을 때우면서 제공하는 콘텐츠를 돌아보기를 원한다면, 방문자 당 체류시간이 늘어나기를 바랄 것이다. 반대로 정보와 기능에 빨리 접근하고 빠져나가기를 바란다면, 방문자 당 체류시간을 줄이고 싶을 것이다.

광고 수입에 의존하는 웹사이트의 경우, 광고가 하루 동안 사용자에게 보이는 횟수인 노출 빈도가 아주 중요한 지표가 된다. 그러나 회사의 목표와 사용자 요구 사이의 균형은 더욱 조심스럽게 고민해야 한다. 웹사이트의 첫 페이지와 사용자가 원하는 콘텐츠 사이에 내비게이션 기능을 하는 페이지를 여러 겹 끼워 넣으면 광고의 노출 빈도는 높아지겠지만, 사용자의 요구를 충

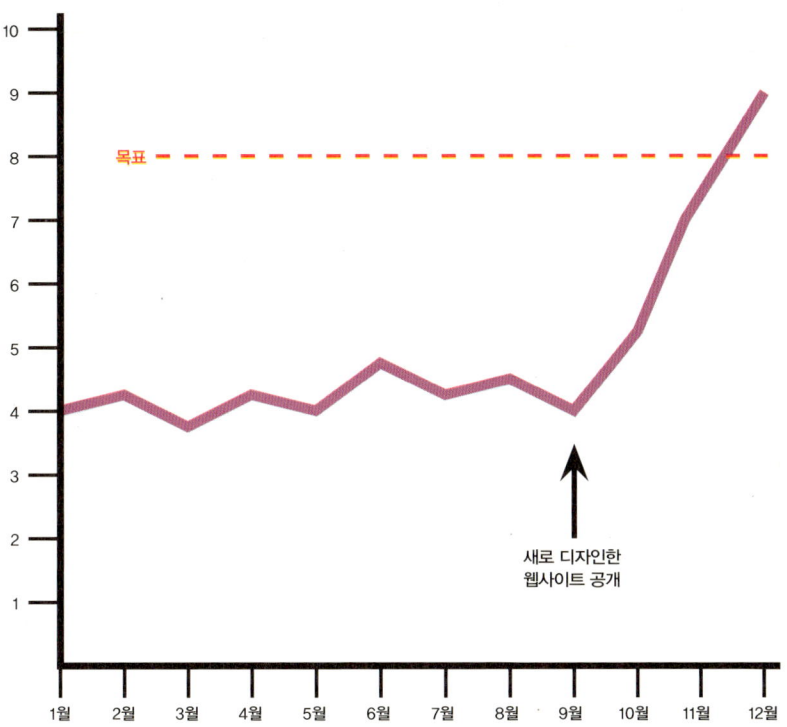

| **월간 방문자수**(등록된 사용자에 한함). 성공 지표는 사용자 경험이 얼마나 효율적으로 전략적인 목표를 충족시키고 있는지에 대한 확고한 척도가 된다. 이 사례의 경우, 회원으로 가입한 사용자들의 월간 방문 횟수를 측정함으로써 웹사이트가 목표로 하는 고객들에게 얼마만큼의 가치를 가지고 있는지를 보여 주고 있다. |

족시킬 수 있을까? 아마 어려울 것이다. 이는 장기적으로 볼 때 잘 드러나는데, 그런 경험에 당황스러움을 느끼며 다시는 그 웹사이트를 방문하지 않겠다고 하는 사용자가 늘어나면서 잠시 올라갔던 광고의 노출 빈도가 떨어지고, 어쩌면 처음보다 더 낮아지게 될지도 모른다.

모든 성공 지표가 웹사이트로부터 직접 도출되어야 하는 건 아니다. 웹사이트의 간접적인 효과도 측정할 수 있다. 만약 제품을 사용하는 사람들이 공통적으로 겪는 문제를 해결하는 방법을 제공하기 위한 웹사이트가 있다면, 고객지원 센터에 걸려오는 전화는 줄어들 것이다. 효율적으로 만들어진 인트라넷은 필요한 도구와 참고 자료에 쉽게 접근할 수 있도록 해 줘서 영업 직원이 계약을 마무리 짓는데 필요한 시간을 줄여 주고, 이는 직접적인 수익 증대로 이어지게 될 것이다.

성공 지표가 사용자 경험과 관련된 의사결정을 제대로 지원하려면, 그런 결정에 의해서 형성되는 사용자 행동의 여러 측면들과 명확하게 연결되어 있어야 한다. 새로 디자인된 웹사이트가 공개된 후 온라인 거래를 통한 일간 매출액이 40% 정도 뛰어오른다면, 인과관계를 파악하기가 쉬울 것이다. 하지만 그보다 장기간에 걸쳐 나타나는 변화의 경우에는 그 변화가 사용자 경험에 의한 것인지, 다른 요소에 의한 것인지를 파악하는 것이 어려울 수 있다.

이를 테면, 웹사이트에서의 사용자 경험은 그 자체만으로는 새로운 방문자를 웹사이트로 불러 모으는 데 큰 힘이 되지 못한다. 새 방문자를 확보하기 위해서는 사람들의 입소문이나 마케팅 활동에 의존해야 할 것이다. 하지만 사용자 경험은 방문자들이 그 웹사이트를 다시 방문하게 하는 데에는 매우 큰 영향을 미친다. 재방문율은 그 웹사이트가 사용자의 요구를 충족시키고 있는지에 대한 좋은 척도가 될 수 있지만, 조심해야 할 점이 있다. 사용자가 돌아오지 않는 이유는 다른 회사가 엄청난 광고 공세를 퍼부었기 때문일 때도 있고, 회사에 대한 나쁜 기사가 퍼졌기 때문일 때도 있다. 어떤 종류의 지표도 그것만 놓고 보면 잘못 해석될 수 있으므로, 한 걸음 물러서서 웹사이트와 관련된 다른 일을 함께 바라보며 전체적인 흐름을 파악해야 한다.

| 사용자 요구

제품이나 서비스를 디자인할 때에는 한 명의 이상적인 사용자, 즉 자신과 똑같은 사람을 대상으로 생각하는 함정에 빠지기 쉽다. 하지만 우리는 우리 자신을 위해서 디자인하는 게 아니다. 우리는 다른 사람들을 위해서 디자인을 하고 있으며, 그 사람들이 우리가 만드는 것을 좋아하고 사용하게 하려면 그들이 어떤 사람들이고 뭘 원하는지를 이해할 필요가 있다. 그러한 요구에 대해서 시간을 들여 연구함으로써 우리는 스스로의 한정된 관점을 깨고 사용자의 시선에서 웹사이트를 볼 수 있게 된다.

세상에는 다양한 사용자들이 있기 때문에, 사용자의 요구를 파악하는 것은 복잡한 일이다. 회사 내에서만 사용할 웹사이트를 만들 때조차도 다양한 범위의 요구사항을 해결해야 할 것이다. 만일 어떤 소비자들을 대상으로 하는 모바일 앱mobile app 을 만든다면 그 범위와 가능성은 급격하게 증가한다.

그런 요구사항을 근본적으로 파악하기 위해서는 사용자가 누구인지를 정의해야 한다. 일단 제품이 어떤 사람을 위해 만들어져야 하는지를 알게 되면, 그런 유형의 사람을 대상으로 삼아 연구를 진행할 수 있다. 다시 말해서, 그들에게 질문을 하고 그들의 행동을 관찰할 수 있는 것이다. 그런 연구를 통해서 사람들이 그 제품을 사용할 때 뭘 필요로 하는지를 정의하고 우선순위를 정할 수 있다.

사용자 세분화

적당한 크기로 사용자를 세분화user segmentation 하면 광범위한 사용자 요구를 다루기 쉽게 나눌 수 있다. 대상 고객들을 서로 중요한 공통점을 공유하는 사용자들끼리 작은 그룹으로 나눈다. 사용자를 그룹으로 세분화하는 방법은 사용자의 종류만큼이나 많지만 가장 흔하게 사용되는 몇 가지 방법은 다음과 같다.

시장조사 연구원은 일반적으로 성별, 나이, 교육수준, 결혼여부, 소득 등 인구통계학적 기준으로 고객을 분류한다. 이런 인구통계학적 특질은 상당히 일반적으로 적용될 수도 있고(18~49세 남성), 아주 구체적일 수도 있다(미혼이고 대학 교육을 받은, 연수입 5만 달러 이상의 25~34세 여성).

사용자에 대해서 살펴보는 방법은 인구통계학에만 있는 게 아니다. 사용자 심리분석psychgraphic profile 을 통해서는 사용자가 웹사이트에서 다루는 주제는 물론 세상에 대해 갖고 있는 태도와 인식을 설명할 수 있다. 심리분석은 인구통계학적 측면과 깊이 관련되어 있는 경우가 많다. 같은 지역에 살면서 소득 수준이 비슷하며, 나이가 비슷한 사람들은 비슷한 성향을 가질 가능성이 높다. 하지만 대부분의 경우 인구통계학적으로 동일한 사람들도 서로 다른 방식으로 세상을 보고 소통한다(같이 학교를 다녔던 사람들을 떠올려 보면 이해가 될 것이다). 그렇기 때문에, 사용자에 대한 심리분석은 인구통계학에서는 찾을 수

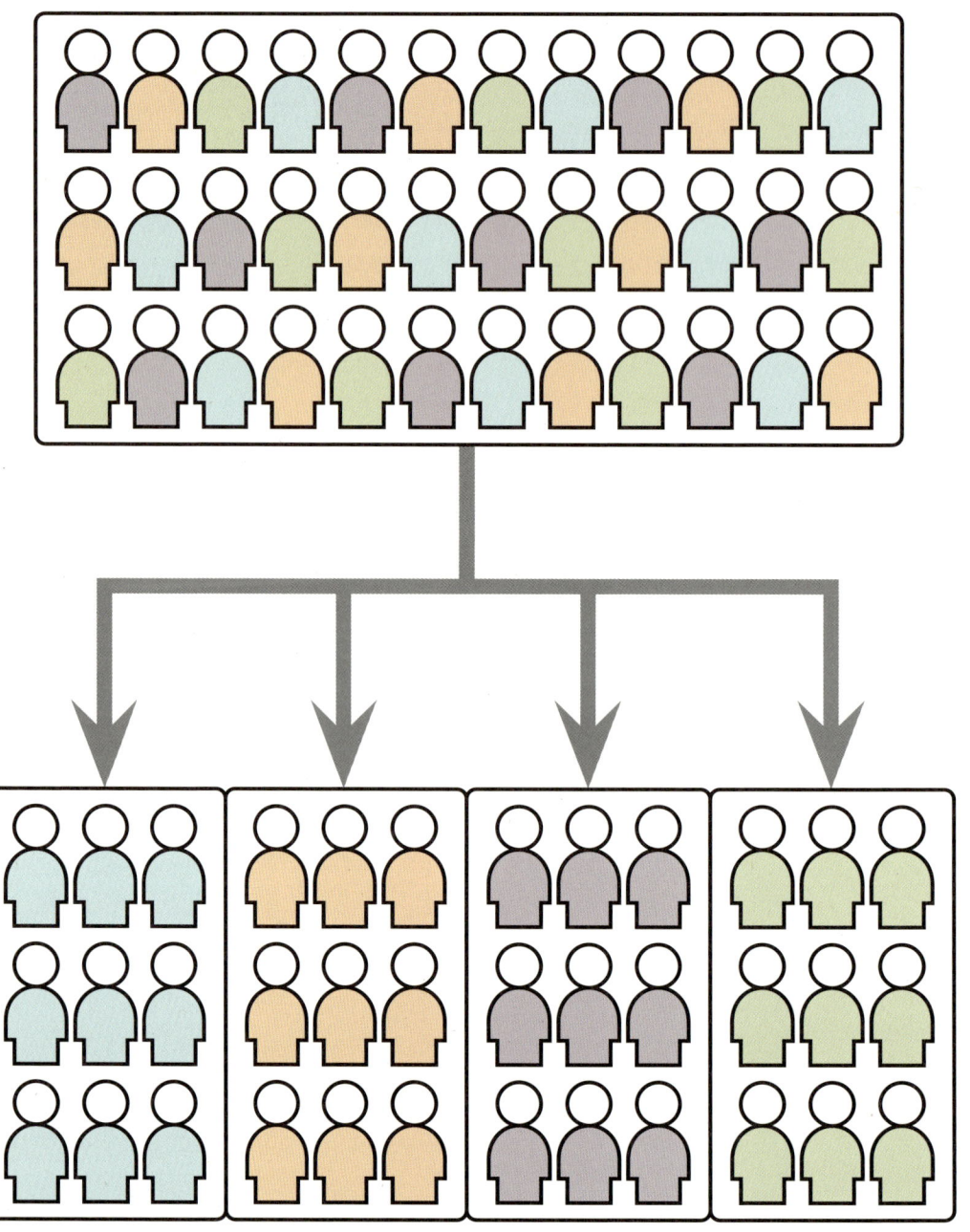

| 사용자 세분화는 전체 고객을 공통된 요구사항을 가진 작은 그룹들로 나눔으로써 사용자의 요구를 좀 더 잘 이해할 수 있게 해준다. |

없는 통찰을 제공해 주기도 한다.

웹사이트나 다른 기술 제품을 개발할 때 고려해야 할 중요한 성향이 있는데, 웹과 기술 자체에 대한 사용자의 성향이 그것이다. 사용자는 매주 몇 시간이나 웹을 이용하는가? 기술이 그들의 일상 속에 어느 정도 비중을 차지하는가? 기술 제품을 활용하는 것을 좋아하는가? 언제나 최고 사양의 신제품을 갖고 있는가? 아니면 꼭 필요할 때에만 새 물건을 구입하는가? 기술 공포증을 가진 사람과 고급 사용자가 웹사이트에 접근하는 방식은 서로 크게 다르며, 디자인은 이들을 모두 고려해서 진행되어야 한다. 위와 같은 질문에 대한 답을 통해서 그에 대한 적절한 도움을 얻을 수 있다.

사용자의 기술에 대한 친숙도를 이해하는 것 외에도, 그들이 웹사이트의 주제에 대해서 무엇을 얼마나 알고 있는지도 이해할 필요가 있다. 이제 막 부엌 일을 시작한 사람에게 주방용품을 파는 일은, 같은 물건을 전문 요리사에게 파는 일과 전혀 다른 방향으로 이루어져야 한다. 마찬가지로, 주식 시장에 익숙하지 않은 사람이 쓸 주식 거래 애플리케이션은 노련한 투자자를 위한 제품과는 다른 접근이 필요하다. 경험과 전문성에 대한 이런 차이점을 통해 대상 사용자를 세분화할 수 있는 근거를 마련할 수 있다.

사람들이 정보를 이용하는 방식은 그들의 사회적, 직업적 역할에 따라 다른 경우가 많다. 대학에 지원하는 학생의 부모에게 필요한 정보는 그 학생에게 필요한 정보와는 다르다. 제품을 사용하는 사람들이 갖는 여러 가지 역할을 파악하게 되면 그들의 다양한 요구사항을 나누어 분석하는 데 도움이 된다.

사용자 그룹에 대한 연구를 수행한 후에는 작업하던 세분화 기준을 재검토해야 할 수도 있다. 예를 들자면, 대학 교육을 받은 25~34세 여성에 대해서 조사하다가, 30~34세 그룹의 요구사항이 25~29세 그룹과 다르다는 것을 발견할 수도 있다. 반대로 18~24세 그룹이 25~34세 그룹과 비슷하다는 것이 드러나면 그 둘을 하나로 묶을 수도 있다. 사용자를 세분화하는 일은 그들의 요구사항을 발견해 내기 위한 수단일 뿐이다. 사용자로부터의 요구가 다양하면 할수록 사용자들을 더욱 세분화해서 연구하게 될 것이다.

사용자를 세분화해야 하는 중요한 이유는 그 외에도 더 있다. 서로 다른 그

룸에 속한 사용자의 요구는 그냥 다르기만 한 게 아니라, 종종 정반대 방향을 가리킬 때도 있다. 앞에서 언급했던 주식 거래 애플리케이션의 사례를 생각해 보자. 초심자는 애플리케이션의 사용 절차를 간단한 단계로 잘게 나누어 놓은 방식을 가장 좋아할 것이다. 하지만 전문가에게는 그렇게 늘어놓은 단계들이 거추장스럽게 느껴질 뿐이다. 전문가는 다양한 기능에 빨리 접근할 수 있는 통합된 사용자 인터페이스가 필요하다.

물론 한 가지 방법으로 이 두 가지 종류의 사용자 요구사항을 모두 만족시킬 수는 없다. 이런 상황에서 취할 수 있는 방도는 한 사용자 그룹에 집중하고 다른 그룹을 포기하거나, 같은 작업에 접근하는 방법을 두 종류로 제공하는 것이다. 어떤 방도를 취하든, 이런 전략적인 결정은 나중에 사용자 경험에 대해서 뭔가를 선택할 때마다 영향을 주게 된다.

사용성과 사용자 연구

사용자가 무엇을 필요로 하고 있는지 이해하려면, 우선 그들이 누군지를 이해해야 한다. 사용자 연구 분야는 사용자를 이해하는 데 필요한 자료를 수집하는 일에 주력하는 학문이다.

설문, 인터뷰, 포커스 그룹 focus group 같은 연구 방법은 사용자의 일반적인 태도와 인식에 대한 정보를 모으는 데 매우 적합하다. 사용자 평가, 현장 조사 같은 연구 방법은 사용자 행동의 특정 측면과 제품과의 상호작용을 이해하는 데 더 적합하다.

보통 조사 연구에서는, 사용자 한 명 한 명과 시간을 보낼수록 더 상세한 정보를 얻을 수 있다. 하지만 (결국 그 제품이든 서비스든 언젠가는 출시를 해야 하기 때문에) 각각의 사용자와 더 많은 시간을 보낸다는 것은 필연적으로 그 연구에 많은 사용자를 포함시킬 수 없다는 뜻이다.

설문이나 포커스 그룹을 통한 시장 조사는 사용자에 대한 일반적인 정보를 얻을 수 있는 귀중한 기회가 될 수 있다. 이러한 방법은 사용자로부터 어떤 정보를 얻으려고 하는지를 스스로 명확하게 말할 수 있을 때 가장 효과적이다. 제품의 특정 기능을 쓸 때 사용자가 무엇을 하고 있는지를 알아내고 싶은가? 그런 건 이미 알고 있지만 도대체 왜 그러는지를 알고 싶은가? 알고 싶은 내용을 명확하게 기술할 수 있다면, 보다 자세하고 효과적인 질문을 만들어 원하는 정보를 정확하게 얻어낼 수 있다.

맥락적 연구contextual inquiry는 그 이름에서 볼 수 있듯이, 사용자의 일상적인 맥락 속에서 그들을 이해하는 데 필요한 강력하고 포괄적인 방법들을 모두 통칭한다. 여기에 해당하는 기법은 인류학에서 문화와 사회를 이해하기 위해서 쓰였던 방법에서 유래한 것이다. 예를 들어 유목 민족이 어떻게 살아가는지 알기 위한 방법과 똑같은 기법을 그보다 작은 규모로 적용함으로써, 비행기 부품을 구매하는 사람들이 어떻게 사는지를 이해할 수도 있다. 맥락적 연구의 유일한 문제점은 많은 시간과 비용이 든다는 것이다. 사용자를 깊이 이해해야 하는 문제와 충분한 여유가 있다면, 제대로 된 맥락적 연구를 함으로써 다른 방법으로는 발견할 수 없는 사용자 행동의 미묘한 면모를 드러낼 수 있다.

맥락적 연구를 비용 부담 없이 간단히 수행하는 방법도 있으나, 그런 방법들은 충분한 조사 연구를 거치는 것에 비하면 사용자에 대해 깊이 이해하도록 도와주지 못하는 경향이 있다. 과업 분석task analysis은 맥락적 연구와 밀접하게 연관되어 있는 방법 중 하나이다. 과업 분석은 제품에 대한 사용자의 모든 행동은 수행하고 있는 어떤 과업의 맥락에서 이루어진다는 것을 전제로 한다. 그 과업은 영화관에서 표를 산다든가 하는 제한된 경우도 있고, 국제 상거래 법규를 공부하는 것처럼 보다 광범위한 경우도 있다. 과업 분석은 사용자가 그런 과업을 완수하기 위해서 거치는 자잘한 단계들을 면밀히 검토하는 데 쓰이는 방법이다. 이는 사용자에게 자신의 경험에 대해서 이야기하게 하는 인터뷰를 통해서 이루어질 수도 있고, 실제 상황 속에서 사용자를 연구하기 위해서 현장 관찰을 통해서 이루어질 수도 있다.

사용자 연구에서 가장 흔하게 쓰이는 형태로 사용자 평가가 있다. 사용자 평가는 사용자를 평가하는 게 아니라, 반대로 사용자에게 만들어 놓은 물건을 평가하게 하는 것이다. 사용자 평가는 제품을 다시 디자인하는 과정에서, 혹은 출시 전에 사용성 문제들을 잡아내기 위한 목적으로 완성된 제품을 대상으로 이루어지기도 하지만, 개발 중인 제품이나 심지어 완성품을 염두에 두고 제작된 초기 프로토타입을 대상으로 이루어지기도 한다.

웹 디자인에 대한 책을 읽어 본 적이 있다면, 아마 사용성usability 개념을 접한 적도 있을 것이다. 이 용어는 사람마다 다른 의미를 갖는다. 어떤 사람은 대표적인 사용자들을 불러 디자인을 평가하도록 하는 일을 사용성 업무라고 하고, 또 다른 사람에게 사용성은 특별한 개발 방법론을 도입하는 것을 의미한다.

사용성에 대한 여러 관점은 모두 제품을 쓰기 편하게 만들기 위한 방도를 찾고 있다는 공통점을 갖는다. 사용성에 대한 다양한 정의들과 일련의 규칙들은 쓰기 편한 웹사이트를 만드는 법을 규정하기 위한 노력의 산물이다. 그 중에는 서로 상충되는 경우도 일부 있지만, 모두 그 중심에는 '사용자에게는 쓰기 편한 제품이 필요하다'는 동일한 원칙이 자리잡고 있다. 이 원칙은 사용자의 가장 보편적인 요구사항이다.

이미 완성되어 운용하고 있는 웹사이트에 대한 평가는 그 범위가 매우 넓을 수도 있고 좁을 수도 있다. 설문이나 포커스 그룹을 통한 연구와 마찬가지로, 사용자 평가에서도 실제로 사용자와 마주 앉기 전에 먼저 알아보고 싶은 내용이 무엇인지를 명확히 알고 있어야 한다. 하지만 그렇다고 해서 사용자 평가가 협소하게 정의된 과업에 대한 사람들의 성공률을 측정하는데 그쳐야 한다는 것은 아니다. 사용성 평가를 통해서는 보다 광범위하고 덜 구체적인 주제도 다룰 수 있다. 이를테면 웹사이트의 디자인을 수정하고 나서 회사의 브랜드 이미지가 전보다 강해졌는지, 아니면 약해졌는지 알아보기 위해서 사용자 평가를 쓸 수도 있다.

사용자 평가에 대한 또 다른 접근은 사용자가 프로토타입을 써 보도록 하는 것이다. 프로토타입에는 다양한 형태가 있을 수 있어서, 종이 위에 대충 그린 그림에서부터 단순화시킨 인터페이스 디자인을 이용한 '낮은 충실도 lo-fi'의 목업이나 완성된 제품이라는 착각을 불러 일으키도록 '클릭해서 넘겨 보는click-through' 방식의 프로토타입 등을 이용할 수 있다. 보다 규모가 큰 프로젝트에서는 디자인 과정 전반에 걸쳐 각 단계마다 다른 종류의 프로토타입을 써서 사용자들로부터 의견을 수집한다.

　사용자 평가에서 웹사이트를 전혀 쓰지 않는 경우도 있다. 사용자들이 웹사이트에서 다루는 주제에 대한 생각을 알아보기 위해서 사람들을 모집하는 경우이다. 정보 중심의 웹사이트의 경우, 사용자가 어떻게 정보 요소들을 분류하고 그룹을 짓는지 알아보기 위해 쓰이는 방법으로는 카드 분류법card sorting이 있다. 사용자에게 웹사이트에서 제공할 콘텐츠에 대한 이름, 설명, 그림, 종류 등을 적어둔 카드를 한 무더기 주고, 스스로 자연스러운 방식이라고 느껴지는 대로 그 카드들을 분류하게 하는 것이다. 여러 명의 사용자가 카드를 분류한 방식을 분석함으로써 사람들이 그 콘텐츠에 대해서 어떻게 생각하는지를 이해하게 된다.

페르소나 구축

대상 사용자들에 대한 온갖 데이터를 수집하는 것은 더할 나위 없이 중요한 일이지만, 그런 통계에 가려 실제 사람들이 보이지 않게 되는 경우도 있다. 이런 일을 대비해 사용자에 대한 페르소나persona(사용자 모델이나 사용자 프로파일이라고 하기도 한다)를 만들어 두면 그 사람에 대한 감각을 잃지 않을 수 있다. 페르소나는 어떤 범위에 속하는 실제 사용자들의 요구사항을 대표하도록 만들어진 가상의 인물이다. 페르소나는 사용자 연구와 분류 작업을 통한 각종 데이터에 얼굴과 이름을 부여함으로써, 디자인 과정을 거치는 동안 사용자를 염두에 두고 작업할 수 있게 해준다.

　예를 들어, 우리 웹사이트가 자기 사업을 시작하려는 사람들에게 필요한 정보를 제공해주기 위해서 디자인됐다고 해보자. 사용자 연구를 통해서 대부분의 대상 사용자들이 30세에서 45세라는 것을 알고 있다. 그들은 일반적으로 웹이나 기술에 대해 거부감이 없다. 기업 운영에 대해서 많은 경험을 가지고 있는 사람도 있지만, 어떤 사용자들은 한 번도 그와 관련된 일을 해본 적이 없다.

　이런 경우, 두 가지 페르소나를 구축하는 게 좋을 것이다. 첫 번째 페르소나를 자넷Janet이라고 부르자. 42세의 여성으로, 결혼을 해서 두 자녀가 있다.

자넷 Janet

"저는 많은 정보를 정리하고 있을 시간이 없어요. 즉각적으로 대답을 찾았으면 좋겠습니다."

자넷은 기업 환경에서 일하는 데 지쳐서 스스로 회계 사무실을 차리고 싶어한다.

- **나이** 42세
- **가족** 기혼, 자녀 둘
- **직업** 회계 기업의 부사장
- **가계 소득** 연간 18만불
- **기술적 특징** 기술에 대한 거부감은 없음. 1년쯤 된 델 노트북에 윈도 시스템을 깔아 쓰고 있음. 5Mb 인터넷 연결을 이용해서 매주 15~20시간 인터넷에 접속.
- **인터넷 사용** 인터넷 사용의 75%는 집에서 접속. (뉴스, 정보, 쇼핑)
- **좋아하는 웹사이트**

프랭크 Frank

"전 이런 문제에 대해선 아무 것도 모릅니다. 웹사이트 하나에서 처음부터 끝까지 설명해 주면 좋겠어요."

프랭크는 가구 만드는 취미를 어떻게 사업으로 연결시킬 수 있을지 배우고 싶어 한다.

- **나이** 37세
- **가족** 기혼, 자녀 하나
- **직업** 통학버스 운전수
- **가계 소득** 연간 6만불
- **기술적 특징** 기술과는 다소 거리가 있음. 2년쯤 된 애플 iMac 컴퓨터를 갖고 있음. DSL 인터넷 서비스를 이용해서 매주 8~10시간 인터넷에 접속.
- **인터넷 사용** 집에서만 접속. (엔터테인먼트, 쇼핑)
- **좋아하는 웹사이트**

| 페르소나는 사용자 연구를 통해서 만들어진 가상의 인물로, 사용자 경험을 구축하는 과정에서 사례로 활용할 수 있다. |

자넷은 지난 몇 년간 큰 회계 업체의 부사장으로 근무했다. 다른 사람을 위해서 일하는 것에 염증을 느낀 그녀는 이제 자신의 회사를 세우려고 한다.

두 번째 페르소나는 프랭크Frank이다. 37세의 기혼 남성으로 아이가 하나 있다. 프랭크는 오랫동안 취미로 목공을 해왔다. 그가 만든 가구를 보고 몇몇 친구들이 감탄하는 걸 보고, 어쩌면 그런 걸 만들어 파는 사업을 할 수도 있겠다고 생각하고 있다. 프랭크는 사업을 시작하기 위해서 통학버스 운전사로 일하는 걸 그만두어야 하는 건지 고민하고 있다.

이 모든 정보가 어디에서 나왔을까? 사실 대부분은 그냥 만들어 낸 것이다. 페르소나는 사용자 연구를 통해 알게 된 내용과 일치해야 하지만, 그 세부적인 묘사는 실제 살아 숨쉬는 우리의 사용자를 대표할 가상의 인물들에게 생명을 불어넣기 위해서 창작된 것이다.

자넷과 프랭크는 웹사이트에서의 사용자 경험과 관련된 결정을 내릴 때 염두에 두어야 할 사용자 요구의 범위를 나타낸다. 사용자와 그들의 요구사항을 기억하는 데 도움이 되도록, 사진을 몇 장 넣어 자넷과 프랭크에게 좀 더 현실감을 불어넣고, 우리가 수집한 사용자에 대한 정보를 그 사진과 함께 넣는다. 이렇게 만들어진 사용자에 대한 개요를 인쇄해서 사무실 여기저기에 붙여 놓으면, 결정을 내려야 할 때 스스로에게 (혹은 서로에게) "그렇게 하면 자넷에게 도움이 될까? 프랭크는 뭐라고 할까?"라고 물어볼 수 있다. 페르소나는 사용자를 매 순간 염두에 두도록 해 준다.

팀의 역할과 업무 절차

전략적인 문제는 사용자 경험 디자인 과정에 연관되어 있는 모든 사람에게 영향을 미친다. 하지만 그럼에도 불구하고 – 아니, 어쩌면 오히려 그렇기 때문에 – 그 목표를 공식화하기 위한 책임의 소재는 모호해질 때가 많다. 자문 회사의 경우 고객사의 프로젝트를 진행할 때 전략 전문가를 고용해서 사용자 경험 문제를 담당하도록 하기도 하지만, 그런 인력은 비용이 많이 들고 정작 실제 제품을 만드는 데에는 직접 관여하지 않기 때문에 프로젝트 예산을 조정하는 과정에서 가장 먼저 제외되기 십상이다.

전략 전문가는 제품 목표와 사용자 요구에 대한 문제를 되도록 많이 찾아내기 위해서 조직의 여러 사람들과 이야기하게 된다. 이 과정에서의 이해 당사자는 제품의 전략적 방향을 정하는 데 궁극적으로 영향을 주게 되는 각 부문의 고위 책임자들이다. 이를테면 고객에게 제품 지원 정보를 제공해 주기 위해 디자인된 웹사이트의 경우, 제품 책임자는 물론 마케팅 커뮤니케이션 부문과 고객 지원 부문의 대표자들도 여기에 포함시킬 수 있다. 이 대목은 조직의 공식적인 의사결정 구조(그리고 비공식적인 사내 정치 현실)에 달려있다.

전략을 공식화하는 과정에서는 하루하루 조직을 돌아가게 만드는 역할을 맡고 있는 일반 사원들이 종종 무시되곤 한다. 하지만 어떻게 해야 일이 되고 어떻게 하면 일이 되지 않는지에 대해서는 관리자보다 일반 사원이 더 잘 알고 있는 경우가 많다. 그들은 특히 사용자의 요구에 관한 한 고위 의사 결정자가 못하는 방식으로 전략에 도움을 줄 수 있다. 고객이 어떤 부분에서 어려움을 겪는지를 매일같이 그 고객들과 이야기하는 직원만큼 잘 알고 있는 사람은 없다. 고객으로부터 접수된 의견이 정작 그게 필요한 디자인팀과 개발팀으로 갈 확률이 놀랄 정도로 낮은 경우도 많다.

제품 목표와 사용자 요구는 회사의 공식적인 전략 문서나 사업 전망 문서에 정의되어 있는 경우가 많다. 이 문서는 단순히 목표를 나열해 놓은 게 아니라, 그 다양한 목표들 사이의 관계와 조직의 광범위한 맥락에서의 위치에 대한 분석도 포함하고 있다. 목표와 그에 대한 분석은 대부분의 경우, 각 책임자와 말단 직원은 물론 사용자로부터의 직접적인 이야기를 바탕으로 이루어진다. 그런 이야기는 프로젝트에 관련된 전략상의 문제점을 선명하게 보여 준다. 모든 정보를 문서 하나에 모으는 게 여러모로 좋긴 하지만, 사용자 요구사항은 종종 사용자 연구 보고서로 따로 작성되기도 한다.

전략을 문서화할 때는 분량이 많다고 좋은 게 아니다. 의미를 전달하기 위한 근거 자료를 모두 포함시키지 않아도 된다. 요점 중심으로 일목요연하게 정리하되, 그 문서를 볼 사람 중에서는 수백 쪽에 달하는 근거 문서를 읽어 볼 시간이나 관심이 없는 사람도 있으며, 그 사람들에게는 장황한 표현에 감동 받는 것보다 그 내용인 전략을 이해하는 게 훨씬 중요한 일이라는 것을 명심해야 한다. 효율적인 전략 문서는 사용자 경험 개발팀의 시금석이 될 뿐만 아니라, 그 프로젝트가 조직의 다른 부서로부터 지원을 받는 데 도움이 될 수도 있다.

전략 문서를 작성할 때 절대로 하면 안 되는 일이 있다면, 팀원들의 접근을 제한하는 것이다. 전략 문서는 어딘가 처박아 둔 채로 몇몇 상급자들만 읽어보게 하기 위해서 만든 게 아니다. 그 문서를 작성하느라 고생한 보람이 있으려면 프로젝트가 진행되는 동안 적극적으로 활용되어야 한다. 프로젝트에 참여하는 모든 사람들(디자이너, 개발자, 프로젝트 매니저 등)은 전략 문서를 숙지함으로써 그들의 업무에 관련된 결정을 내리게 된다. 전략 문서가 민감한 사안을 다루는 경우도 있긴 하지만, 조직의 정책이 도를 넘어 정작 책임을 맡은 팀이 전략에서 멀어지게 된다면, 그건 그런 내용을 받아들일 수 있는 팀원들의 능력을 과소평가하는 것이다.

사용자 경험 디자인 과정은 전략으로부터 시작되어야 한다. 하지만 그렇다고 해서 프로젝트를 진행하기 전에 전략을 확정해야 한다는 건 아니다. 프로젝트 전략을 바꾸는 게 (부서 내에 좌절감을 야기하는 건 물론이고) 엄청난 시간과 자원의 낭비이긴 하지만, 전략은 계속 재조정되면서 진화해야 한다. 전략을 체계적으로 재정비하는 작업은 그 자체로 사용자 경험 디자인 과정 전반에 걸쳐 끊임없는 영감의 근원이 될 수 있다.

4
범위층
기능 사양과 콘텐츠 요구사항

우리가 원하는 것과 우리의 사용자가 원하는 것을 명확하게 파악하면,

어떻게 그 모든 전략적 목표들을 충족시킬지를 알 수 있게 된다.

사용자의 요구와 제품의 목표로부터

그 제품이 어떤 내용과 기능을 사용자에게 제공할지에 대한

구체적인 요구 사항을 해석해 낼 때, 전략은 범위가 된다.

4 The Scope Plane

I 범위의 정의

조깅이나 피아노를 연습하는 경우, 그런 행위를 하는 이유는 그 과정에 어떤 가치가 있기 때문이다. 치즈 케이크를 만들거나 자동차를 고치는 일의 경우, 그런 행위를 하는 이유는 그 결과에 가치를 두기 때문이다. 프로젝트의 범위를 정의하는 일은 과정과 결과 두 경우에 모두 해당되며, 가치 있는 과정을 통해 가치 있는 결과를 만드는 행위이다.

이 과정은 그 제품이 가질 수 있는 잠재적인 문제와 쟁점을 가설 상태에서 짚어 보게 해주기 때문에 가치가 있다. 이를 통해서 어떤 문제를 지금 고민해야 하며, 어떤 점을 나중에 고민해야 할지 파악할 수 있다.

또한 범위 정의의 결과는 팀 전체가 프로젝트 전반에 걸쳐 프로젝트 완료의 기준으로 삼을 수 있는 기준을 마련해주며, 업무에 대한 논의에서 공통의 언어를 쓸 수 있게 해준다. 요구사항을 정의하면 디자인 과정에 있어서 모호한 구석을 없앨 수 있다.

계속 베타 버전에만 머물러 있을 것 같았던 (즉, 실제 사용자에게 출시할 수 있는 수준에 거의 다다랐지만 조금 부족한) 웹 애플리케이션 작업을 한 적이 있다. 그 프로젝트에는 아주 많은 문제가 있었다. 기술은 불안정했고, 대상 사용자에 대해서는 아무것도 몰랐으며, 전체 회사에서 웹을 개발했던 경험이 조금이라도 있는 사람은 나 혼자 뿐이었다.

하지만 그런 문제들을 통해서는 우리가 왜 서비스를 출시하지 못했는지 설명할 수 없다. 요구사항 정의를 꺼린 게 커다란 장애물이었던 것이다. 어쨌든 함께 사무실에서 작업하면서 그런 내용을 모두 문서화하려면 무엇보다도 엄청난 고생을 해야 한다. 게다가, 제품 관리자는 새로운 기능을 제안하는 데 많은 노력을 기울여야만 했다.

결과적으로 그 서비스는, 각기 다른 개발 단계에 있는 기능들이 엎치락뒤치락 뒤섞이고 있는 상태가 됐다. 누군가는 제품을 가지고 이런저런 시도를 하고 있는가 하면, 누군가가 새로운 글을 읽거나 새롭게 떠오른 아이디어를 제시하면 그 기능을 추가할지 고려했다. 일은 계속 진행되어 갔지만, 일정도 목표도 눈에 보이는 종착점도 없었다. 프로젝트의 범위를 아는 사람이 없었으므로, 프로젝트가 끝난 건지 아닌지 말해 줄 수 있는 사람도 없었.

굳이 요구사항을 정의해야 하는 데는 중요한 두 가지 이유가 있다.

이유 1: 개발할 항목을 알 수 있다.

이건 뻔한 소리처럼 들린다. 하지만 앞서 말한 웹 애플리케이션을 만들고 있던 팀에게 개발할 항목은 놀라움의 연속이었다. 무엇을 만들지 정확하고 명확하게 문서화하면, 모두가 그 프로젝트의 목표를 이해하고 언제 끝났는지를 알 수 있을 것이다. 제품의 최종 형태가 더 이상 제품 관리자의 머릿속에서 모호한 그림으로만 존재하는 게 아니라, 최고경영진부터 신입 기술자에 이르기까지 조직 내의 모든 사람이 작업의 지침으로 삼을 수 있는 구체적인 내용이 되기 때문이다.

명확한 요구사항이 없다면, 그 프로젝트는 십중팔구 어릴 때 하던 '말 전달하기' 놀이처럼 되어 버린다. 팀 구성원들이 만드는 제품에 대한 인상을 따로따로 구두로 전달받고 서로 조금씩 다르게 알고 있는 것이다. 더욱 심각한 경우에는, 모두가 누군가는 제품의 결정적인 측면에 대한 디자인과 개발을 관리하고 있다고 생각하지만 사실 그렇지 않은 경우도 있다.

정의된 일련의 요구사항을 갖게 되면, 업무에 대한 책임을 보다 효율적으로 나눌 수 있게 된다. 프로젝트의 범위 전체를 펼쳐 놓으면 이전까지 보이지 않던 요구사항들 사이의 연관관계가 드러나게 된다. 이를테면 부가적인 문서들과 제품 사양서에 기술된 내용들이 프로젝트 초기 단계에서는 별개의 것으로 보일 수 있지만, 그 내용들을 요구사항으로 정리하면서 서로 중첩되는 부분이 많다는 사실이 드러나 같은 부서에서 담당하게 되는 경우도 있다.

이유 2: 개발하지 않을 항목을 알 수 있다.

기능이 많으면 좋을 거라고 생각하기 쉽지만, 그게 프로젝트의 전략적인 목표에 부합하지 않을지도 모른다. 프로젝트 종료 후에도 온갖 가능한 추가 기능들이 나타날 것이다. 요구사항을 명확하게 파악해 두면 그런 제안들이 나타났을 때 선별의 기준을 갖추게 되어, 그 제안이 이미 개발하기로 결정한 영역에 부합하는지, 만일 그렇다면 어떻게 융합시킬 수 있는지를 알게 해준다.

개발하지 않을 항목을 알게 되면 당장 개발하지 않을 항목도 알게 된다. 수집된 훌륭한 아이디어들이 갖는 진정한 가치는, 그것들을 여러분의 장기 계획에 적절히 맞춰 넣을 수 있다는 점이다. 확정된 요구사항을 작성하고 거기에 포함되지 않는 제안들을 향후 개발 계획에서 고려하기로 함으로써, 전체 개발 과정을 보다 신중하게 관리할 수 있다.

요구사항을 의식적으로 관리하지 않으면, '슬금슬금 늘어나는 범위scope

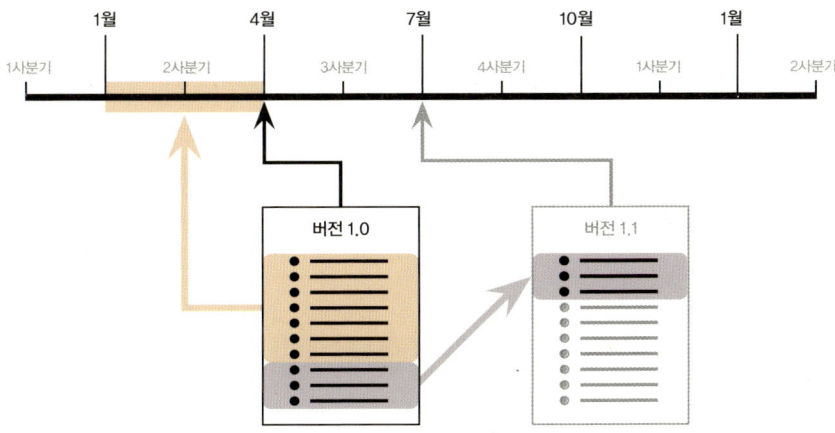

| 주어진 일정에 소화할 수 없는 요구사항은 개발 사이클의 다음 단계에 반영될 수 있다. |

creep'라는 무시무시한 함정에 빠져들게 된다. 여기에 대한 이야기를 할 때마다, 눈덩이가 언덕에서 구르면서 조금씩 눈을 붙여 나가는 모습을 떠올리게 된다. 눈덩이는 언덕을 내려갈수록 점점 더 커지고, 중간에 멈추기도 더욱 어려워진다. 이와 마찬가지로, 추가되는 각각의 요구사항은 처음에는 그렇게 큰 일처럼 보이지 않을 수 있다. 하지만 모든 추가분이 합쳐졌을 때 프로젝트는 결국 제어할 수 없게 되어 완료 시한과 예산을 초과하고 결국 파국의 길로 돌진하게 된다.

| 기능과 콘텐츠

범위층에서는 전략층에서 다뤘던 '이 제품을 왜 만드는가?'라는 추상적인 의문에서 시작해서 '구체적으로 무엇을 만들 것인가?'라는 새로운 화두를 추가한다.

웹이 갖고 있는 기능 수행 기능과 정보 전달 기능의 구분도 범위층에서 의미를 갖기 시작한다. 기능 측면에서는, 소프트웨어 제품이 어떤 일을 수행해야 할지를 고심한다. 정보 측면에서는, 전통적으로는 편집과 마케팅 부서의 영역이었던 콘텐츠를 다루게 된다.

콘텐츠와 기능은 서로 전혀 달라 보이지만, 범위를 정의할 때만큼은 매우

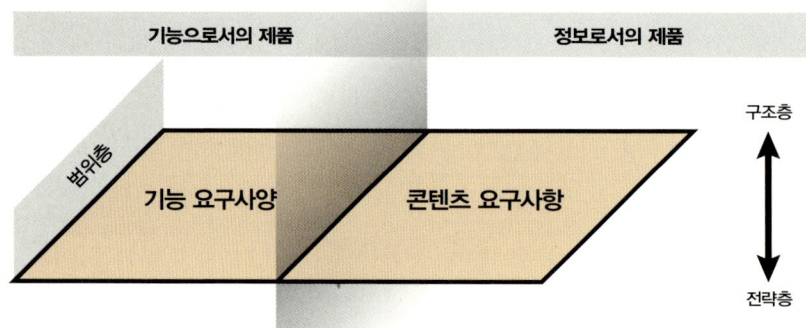

비슷한 방법으로 다룰 수 있다. 이 장에서는 소프트웨어로서 수행하는 기능과 매체로서 제공되는 콘텐츠를 함께 지칭하기 위해서 '내용-feature'이라는 용어를 사용하겠다.

소프트웨어 개발에 있어서, 범위는 기능 요구사항이나 기능 사양을 통해서 정의된다. 어떤 조직에서는 이 용어들이 서로 다른 문서를 뜻한다. 프로젝트 초반에는 시스템이 수행해야 할 일을 기술한 요구사항 문서를, 프로젝트 완료 시점에서는 실제로 수행하는 기능을 설명하기 위한 기능 사양 문서가 쓰이는 것이다. 그렇지 않은 경우에는, 기능 사양은 요구사항이 정해진 직후에 작성되어 개발에 필요한 세부사항을 기술하게 된다. 그러나 대부분의 경우, 이러한 용어들은 바꾸어 사용할 수 있다. 사실 어떤 사람들은 기초적인 내용을 모두 포함해야 한다는 점을 확실히 하기 위해서 '기능 요구사항 사양서'라는 용어를 쓰기도 한다. 이 책에서 기능 사양이라는 말은 문서 자체를 지칭할 때, 요구사항은 거기에 담긴 내용을 뜻할 때 사용되었다.

이 장에서 쓰인 용어는 주로 소프트웨어 개발에서 사용되는 말이지만, 그 개념들은 콘텐츠에도 동일하게 적용된다. 콘텐츠 개발에서는 보통 요구사항과 정의의 과정이 소프트웨어만큼 공식적이지는 않지만, 근본적인 원칙은 똑같다. 콘텐츠 개발자는 사람들과 이야기하거나 참조 문헌(전산화된 데이터베이스라든가, 신문에서 잘라 내 서랍장 가득 모아 놓은 뉴스 등)을 읽으면서, 개발할 콘텐츠에 어떤 정보를 포함시켜야 할지를 결정한다. 콘텐츠 요구사항을 정의하기 위한 이런 과정은 기술자들이 관련된 사람과 함께 어떤 기능을 개발할지에 대해 이야기하고, 이미 작성되어 있는 문서를 검토하는 과정과 그리 다르지 않다. 목표도 접근 방법도 동일한 것이다.

콘텐츠 요구사항은 기능에 대한 내용을 담고 있는 경우가 많다. 최근 들어 순수하게 콘텐츠 만으로 운영되는 웹사이트는 일반적으로 콘텐츠 관리 시스템Content Management System, CMS을 통해서 관리한다. 이런 시스템에는 수십 군데의 자료로 동적으로 페이지를 생성하는 매우 크고 복잡한 시스템에서 특정한 유형의 주제만 아주 효율적으로 다루도록 최적화되어 있는 간단한 도구에 이르기까지 여러 종류가 있다. 상업용 콘텐츠 관리 시스템을 구매하

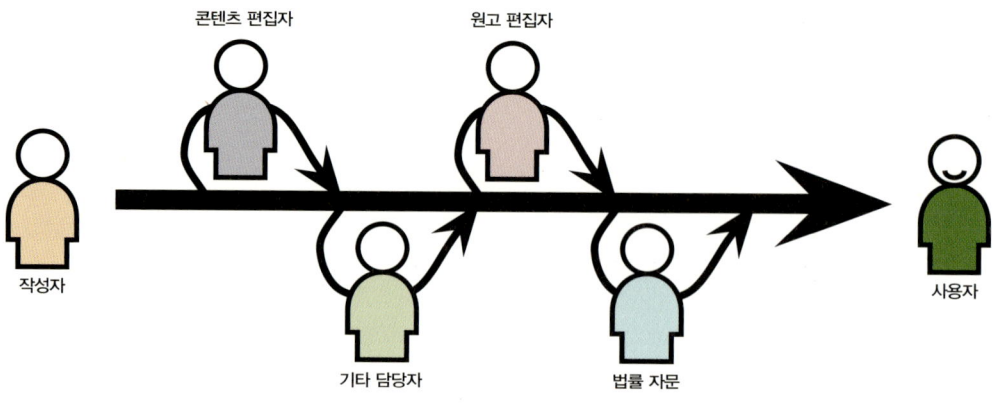

| 콘텐츠 관리 시스템은 콘텐츠를 만들어 사용자에게 전달하는 업무 절차를 자동화할 수 있다. |

거나, 오픈소스로 공개된 소프트웨어를 사용하거나, 아니면 아예 밑바닥부터 새로 만들 수도 있다. 그 어떤 경우에도, 그 시스템을 회사의 조직과 제공할 콘텐츠의 특성에 맞게 고치는 단계는 필요할 것이다.

  콘텐츠 관리 시스템에 필요한 기능은 관리하게 될 콘텐츠의 특성에 따라 달라진다. 여러 가지 언어를 다루거나 다양한 형식의 자료를 다루게 된다면, 거기에 맞는 콘텐츠 관리 시스템은 그 모든 종류의 콘텐츠 요소들을 다룰 수 있어야 한다. 외부에 공개되는 홍보 자료를 올릴 때마다 부사장 6명과 법률 자문의 인가를 받아야 한다면, 그런 승인 절차를 포함한 작업 흐름을 지원하는 콘텐츠 관리 시스템이 필요하게 된다. 콘텐츠의 구성 요소들이 사용자 개개인의 선호도나 사용 중인 기기에 따라 동적으로 재구성돼야 한다면, 콘텐츠 관리 시스템이 그렇게 복잡한 수준의 작업을 해낼 수 있어야 할 것이다.

  기술 제품을 위한 기능적 요구사항도 콘텐츠 관리 시스템과 마찬가지 관점에서 고려되어야 한다. 설정 화면에 사용 방법이 나와 있을까? 뭔가 잘못되었을 때 안내문은 적절한가? 누군가는 그런 안내문의 내용을 적어야 한다. 웹사이트를 사용하다가 '오류-입력값 없음' 같은 문구를 보게 되면, 아무도 오류 상황에서 표시할 안내문을 기능적 요구사항 문서에 적어 놓지 않았기 때문에 엔지니어가 임시로 적어 놓았던 문구가 최종 제품에 나타나게 됐다는 것을 알 수 있다. 자칭 기술적인 프로젝트들 중에는, 개발자가 시간을 조금만 할애해서 누군가에게 그 애플리케이션을 콘텐츠 중심의 관점에서 한번 보게 했더라면 훨씬 좋은 결과를 낼 수 있었던 프로젝트가 수없이 많다.

| 요구사항 정의

어떤 요구사항은 제품 전체에 걸쳐 적용된다. 여기에 해당하는 흔한 사례로는 브랜드 요구사항이라든가, 지원할 브라우저와 운영체제 등이 있다.

특정 기능에만 적용되는 요구사항도 있다. 사람들이 어떤 요구사항에 대해서 말할 때는 대부분 제품이 가져야 하는 기능 하나하나에 대한 짤막한 설명 정도를 생각하게 된다.

요구사항을 작성할 때 포함시킬 세부 내용은, 보통 프로젝트의 특정한 범위에 한정되게 된다. 프로젝트의 목적이 매우 복잡한 시스템을 구축하는 데 있다면, 프로젝트의 범위가 비교적 작은 경우라고 할지라도 그 요구사항을 아주 세부적인 부분까지 정의해야 한다. 반대로 동질의 콘텐츠를 다루는 대규모 콘텐츠 프로젝트라면 콘텐츠 요구사항이 매우 일반적일 수밖에 없다(이를테면 제품 사용 설명서 PDF 파일들을 대상 콘텐츠로 삼은 경우 그 기능적인 측면은 모두 동일할 것이다).

요구사항이 가장 많이 나오는 곳은 언제나 사용자들이다. 하지만 종종 제품에 어떤 기능을 넣을지에 대해 할 말이 있는 조직 내 다른 관련자들도 요구사항을 내놓곤 한다.

어느 경우든 간에, 사람들이 무엇을 원하는지 알아보는 최선의 방법은 그냥 직접 물어보는 것이다. 3장에서 소개된 사용자 연구 기법은 모두 사용자들이 제품에서 보고 싶어 하는 기능을 보다 잘 이해하는 데 요긴하게 쓰일 수 있다.

조직 내 다른 관련자의 도움을 받아서 요구사항을 정의하든 직접 사용자와 일하든 간에, 그 과정을 통해서 도출된 요구사항들은 세 가지 일반적인 분류로 나뉘게 된다. 첫째로 가장 분명한 것은, 사람들이 직접 원하는 것을 말한 경우다. 이들 중 일부는 분명히 좋은 아이디어로 채택되어 최종적으로 제품에 반영될 것이다.

가끔은 사람들이 직접 원한다고 말한 것이 실제로 원하는 게 아닐 수도 있다. 누구든 제품을 사용하다가 어려움을 느꼈을 때 어떤 해결안을 생각해 내는 것은 흔한 일이다. 때로 그 해결안이 실현 불가능하거나, 문제의 근원이 아닌 증상만을 처치하는 경우도 있다. 그런 제안을 들여다 봄으로써, 종종 진짜 문제를 해결할 수 있는 완전히 다른 기능적 해법을 찾아낼 수도 있다.

세 번째 종류의 요구사항은 사람들이 스스로 원한다는 것을 모르는 기능이다. 전략적 목표와 그걸 이룰 수 있는 새로운 기능 요구사항에 대해서 이야기할 때는, 제품의 일상적인 운용 중에는 아무도 생각하지 못했던 훌륭한 아이디어가 떠오르는 일이 있다. 그런 아이디어는 브레인스토밍에서 참가자들이 프로젝트에 잠재된 가능성들을 충분히 논의하고 탐색할 수 있을 때 도출되곤 한다.

제품 개발에 실제로 깊이 관련되어 있는 사람들이 역설적이게도 그 제품의 새로운 방향을 상상하는 일만큼은 잘 하지 못하는 경우가 많다. 이미 존재하는 제품을 운용하는 일에 모든 시간을 쓰는 입장에서는 그 제품을 둘러싼 제약 중 어떤 것이 실제로 제약 조건이며 어떤 것이 단지 과거에 내린 결정의 잔재인지를 잊는 일이 많다. 그런 경우 사람들이 이전까지 고려하지 않았던 가능성을 보게 해 주려면, 조직 내 다양한 부서의 사람들이나 여러 사용자 유형을 대표하는 사람들을 모아 단체로 수행하는 브레인스토밍이 매우 효과적이다.

기술 직원과 고객 서비스 담당 직원, 마케팅 인력을 방 하나에 불러 모아 동일한 웹사이트에 대해서 이야기하게 하는 과정은 프로젝트에 참여하는 사람들에게도 큰 도움이 된다. 익숙하지 않은 분야에서 보는 관점을 듣고 그런 의견에 대해 응답하는 기회를 통해서, 프로젝트 참여 인력들은 제품을 개발하면서 겪게 되는 문제점과 가능한 해결안에 대해서 보다 폭넓은 시야를 가질 수 있다.

어떤 기기를 위한 소프트웨어를 디자인하든 아예 기기 자체를 디자인하든,

거기에 들어갈 기능들은 하드웨어의 요구사항도 함께 고려해야 한다. 대상 기기에 카메라가 달려 있는가? GPS는? 움직임을 인식하는 센서는? 이런 사항들을 고려함으로써 기능적인 가능성과 그 한계에 대해서 보다 잘 파악할 수 있다.

요구사항 도출 작업은 장애물을 제거할 방법을 찾는 일이 되는 경우가 많다. 예를 들어 제품을 하나 구입하기로 마음 먹은 사용자가 있다고 하자. 그 사람은 어떤 회사의 제품을 살지 결정하지 않았다. 회사의 웹사이트를 어떻게 디자인해야 그 물건을 선택하고 구매하는 과정을 쉽게 만들 수 있을까?

3장에서는 가상의 인물인 페르소나persona를 만듦으로써 사용자의 요구를 보다 잘 이해할 수 있게 해주는 기법을 살펴 보았다. 이렇게 만들어 놓은 페르소나들은 그 가상의 인물을 간단한 이야기, 즉 시나리오scenario에 등장시킴으로써 요구사항을 규명하는 과정에서도 활용할 수 있다. 시나리오는 어떤 페르소나가 해당 사용자의 요구를 만족시키기 위해 어떻게 노력하는지를 기술하는 짧고 단순한 이야기다. 사용자가 겪을 법한 과정을 상상해 보면, 그들이 원하는 것을 만족시킬 수 있는 요구사항을 도출할 수 있다.

경쟁 제품들을 돌아보는 것도 영감을 줄 수 있다. 동일한 사업 영역에 있는 사람들은 분명히 같은 사용자의 요구를 만족시키기 위해 노력하고 있을 것이고, 제품이 이루고자 하는 목표도 아마 비슷할 것이다. 그런 전략적 목표를 특별히 효율적으로 충족시켜 줄 기능을 찾아낸 제품이 있는가? 경쟁 제품들은 우리가 직면한 문제점과 해결안을 어떻게 풀어 나가고 있는가?

직접적인 경쟁 관계에 있지 않는 제품도 가능한 요구사항을 도출하는 데 도움을 줄 수 있다. 이를테면 게임기의 경우 사용자가 다른 플레이어들과 함께 모임을 결성하게 해주는 기능이 있다. 캠코더에 들어갈 비슷한 기능을 정하려고 할 때 게임기의 그런 기능을 차용하거나 그를 바탕으로 발전시킨다면 다른 제품에 비해 경쟁적 우위를 점할 수도 있을 것이다.

4 범위층

l 기능 사양서

기능 사양서가 나쁜 평판을 얻고 있는 분야가 있다. 프로그래머들은 문서화된 개발 사양이 대부분 끔찍하게 따분하고, 실제로 코딩할 시간에 문서를 읽으며 보내야 한다는 이유로 싫어한다. 그 결과 기능 사양서를 읽는 사람은 없고, 결국 문서를 작성하는 게 시간 낭비라는(실제로 그런 셈이므로) 인상만 더욱 강해진다. 개발 사양에 대해 애당초 잘못 접근해 놓고 그 자체가 잘못됐다고 증명하는 셈이다.

 기능 사양서에 대한 불만 중 하나는 그 내용이 실제 제품을 반영하지 않는다는 것이다. 개발이 이루어지는 동안 제반 여건은 바뀌기 마련이고, 모두가 그 사실을 잘 알고 있다. 기술과 관련된 일을 하다 보면 늘 겪는 일인 것이다. 동작할 거라고 생각했던 게 동작하지 않는 경우도 있고, 동작하더라도 예상한 대로 반응하지 않는 경우가 허다하다. 그렇지만 그건 기능 사양서의 가치를 폄하하고 작성하지 않을 이유는 되지 않으며, 오히려 제대로 그 역할을 다하는 기능 사양서의 중요성을 강조하고 있다. 개발 과정 중 상황이 변했다면, 그에 대한 올바른 해법은 손을 놓고 기능 사양을 작성하는 게 쓸모 없는 일이라고 선언하는 게 아니다. 개발 사양을 간소하게 정의함으로써 제품이 그 개발 과정과 따로 놀지 않도록 해야 하는 것이다.

 한마디로, 이 문제에 대한 해법은 개발 사양을 어떻게 문서화하느냐가 아니라 얼마나 잘 정의하느냐에 있다. 문서의 분량이나 세부 사항이 아닌, 명확하고 정확한 내용이 담기는 게 중요하다. 기능 사양서에서 제품의 모든 특징을 포괄할 필요는 없으며, 디자인과 개발 과정에서 혼동을 피하기 위해서 정의해야 하는 부분만 포함시키면 된다. 또한 그 안에는 미래의 상황을 이상적으로 꾸며 담을 필요도 없으며, 단지 제품을 만드는 과정에서 내려진 결정들을 적으면 된다.

작성하기

프로젝트의 규모와 복잡도가 어떻든 간에, 모든 종류의 요구사항을 작성하는 데는 몇 가지 일반적인 원칙이 있다.

긍정적인 측면에 대해서 작성한다. 개발할 시스템이 피해야 하는 나쁜 점들을 기술하는 대신에, 그런 상황을 피하기 위해서 시스템이 어떻게 동작해야 하는지를 기술한다. 예를 들어, 아래의 내용은 부정적인 측면을 기술하고 있다.

사용자가 바늘을 구입하려고 할 때 실을 함께 구입하지 않는다면, 시스템에 의해 구매를 진행할 수 없다.

이 내용은 다음과 같이 기술되는 편이 낫다.

사용자가 바늘을 구입하려고 할 때 실을 함께 구입하지 않는다면, 시스템은 사용자를 실을 구매할 수 있는 페이지로 안내한다.

구체적으로 작성한다. 어떤 요구사항이 그대로 구현되도록 하려면, 그 기능 사양을 작성할 때 다른 해석의 여지를 최소한으로 남기는 것만이 유일한 방법이다.

다음 사례들을 비교해 보자.

1. 인기가 좋은 동영상들은 강조되어 표시된다.
2. 지난주에 사람들이 가장 많이 본 동영상들은 목록의 맨 위에 나타난다.

첫 번째 사례의 경우 처음에는 명확한 요구사항을 규정한 것처럼 들리지만, 금새 허점을 찾아낼 수 있을 것이다. 인기는 어떻게 측정할 수 있는가? 댓글이 가장 많이 달린 동영상? 추천을 가장 많이 받은 동영상? 그리고 강조한다는 건 뭘 어쩌라는 것인가?

두 번째 사례에서는 목표가 구체적이고 세부적으로 정의되어 있어서, 어떤 기준으로 인기를 측정하고 어떻게 선택된 동영상들을 부각시킬 수 있는지를 명쾌하게 설명한다. 두 번째 요구사항은 다른 해석의 가능성을 제거함으로써 개발하는 중이나 개발 후에 등장하기 쉬운 논쟁을 말끔히 피해 갈 수 있게 해준다.

주관적인 표현을 피한다. 사실 이 원칙은 앞서 말했듯이 기능 사양을 세부적으로 작성하여 모호함을 남기지 않고 그에 따라 요구사항이 잘못 해석될 가능성도 없앤다는 원칙의 또 다른 측면이다.

극히 주관적인 요구사항을 하나 생각해 보자.

이 웹사이트는 최신의 현란한 스타일로 디자인되어야 한다.

요구사항은 부합 여부가 명확해야 한다. 즉, 요구사항이 충족되지 않았을 때 그 사실을 확인할 수 있어야 한다는 것이다. '최신'이라든가 '현란한' 같은 주관적인 품질에 만족되었는지를 파악하는 건 어려운 일이다. 내가 생각하는 '최신'의 느낌은 아마 다른 사람의 느낌과 다를 것이고, 무엇보다 경영자는 분명히 전혀 다른 생각을 하고 있을 것이다.

그렇다고 요구사항에 웹사이트를 최신 스타일로 만들자고 할 수 없다는 건 아니다. 단지 어떤 기준을 적용할지 규정할 방법을 찾아야 할 뿐이다.

웹사이트는 웨인(우편물 담당 직원)이 최신이라고 생각할 수 있는 수준이어야 한다.

일반적으로 우편물 담당 직원이 어떤 프로젝트에 대해서 발언권을 갖는 경우는 없겠지만, 이 프로젝트의 의사 결정자들 중 하나가 그 직원이 갖고 있는 최신 스타일에 대한 감각을 존중하고 있다. 운이 따른다면 그의 감각이 사용자의 감각과 같을 것이다. 하지만 아직 이 요구사항은 객관적으로 정의될 수 있는 기준이 아니라 한 사람의 승인에 의지하고 있기 때문에, 딱히 근거는 없다고 할 수 있다. 그러므로 다음과 같이 작성된 요구사항이 아마 최선일 것이다.

웹사이트의 외관은 회사의 브랜드 가이드라인을 준수해야 한다.

이제 최신 스타일이라는 대목 자체가 요구사항에서 완전히 사라지고, 그 대신 모호하지 않고 명확한 기존 가이드라인 문서를 참조하고 있다. 브랜드 가이드라인이 최신 스타일을 충분히 따르도록 하기 위해서 마케팅 임원은 우편물 담당 직원 웨인에게 확인할 수도 있고, 자신의 어린 딸에게 물어볼 수도 있으며, 사용자 조사 결과를 참조할 수도 있다. 그건 그 임원에게 달린 일이지만, 우리는 개발 요구사항이 충족되었는지 아닌지를 명확히 알 수 있게 되었다.

요구사항을 정량적으로 정의함으로써 주관성을 배제할 수도 있다. 성공 기준을 세움으로써 전략 목표를 정량화할 수 있는 것처럼, 요구사항을 정량적으로 정의하면 그게 충족되었는지 아닌지를 파악하는데 도움이 된다. 예를 들어 시스템 요구사항을 '우수한 성능'이라고 하는 대신, 동시 사용자를 최소한 1000명을 지원하도록 디자인되어야 한다고 작성하면 된다. 만일 최종 제품이 그만큼의 동시 사용자를 지원하지 못한다면, 요구사항을 충족시키지 못한다고 말할 수 있는 것이다.

| 콘텐츠 요구사항

콘텐츠에 대해서 이야기할 때는 대부분 문자 정보를 의미하게 된다. 그러나 그림, 소리, 동영상 등은 함께 제시되는 문자보다 더 중요할 수 있다. 이런 여러 콘텐츠 유형들은 함께 사용되어 한 가지 요구사항을 충족시키게 된다. 이를테면 어떤 스포츠 경기에 대한 콘텐츠에는 사진과 동영상이 부가된 기사가 들어갈 수 있는 것이다. 어떤 콘텐츠에 들어갈 콘텐츠 유형을 모두 파악하는 일은 그 내용을 만들기 위해서 어떤 자원이 필요한지(혹은 그런 콘텐츠를 만들 수는 있는 건지) 결정하는 데에 도움이 된다.

콘텐츠의 형식과 그 목적을 혼동하지 않도록 하자. 담당자들과 함께 콘텐츠 요구사항에 대해서 논의할 때 보통 처음으로 듣게 되는 말 중에 "FAQ가 있어야 합니다."라는 게 있다. 하지만 FAQ라는 것은 사실 질문과 답변을 단순하게 나열하는 콘텐츠의 한 형식을 일컫는 말일 뿐이다. 사용자에게 있어서 FAQ의 진정한 가치는 많은 방문자들에게 필요할 법한 정보에 쉽게 접근할 수 있다는 데 있다. 다른 콘텐츠 요구사항들도 그 목적을 충족시킬 수 있지만, 초점을 그 형식에 맞게 되면 목적 자체는 잊혀지기 마련이다. 종종 FAQ에서는 '많은 방문자에게 필요할 법한'이라는 대목이 무시되고, 단지 그 FAQ 요구사항을 만족시키기 위해 콘텐츠 제공자가 생각할 수 있는 온갖 질문들에 대한 답변을 죄다 나열하게 되기도 한다.

  콘텐츠의 분량을 가늠해 두면 사용자 경험과 관련된 결정을 내리는 데에 큰 도움이 된다. 콘텐츠 요구사항에서는 각 콘텐츠에 필요한 대략의 예상 분량을 함께 제공해야 한다. 문자인 경우 단어 수를, 그림이나 동영상의 경우엔 가로세로 몇 픽셀인지를, 다운로드할 수 있는 음성 파일이나 PDF 파일의 경우엔 파일 크기 등이 여기에 해당한다. 콘텐츠 분량을 예상할 때 정확할 필요는 없고, 대략의 분량만으로도 충분하다. 중요한 것은 그 콘텐츠를 담을 부분을 디자인하는 데 꼭 필요한 정보를 모으는 것이다. 축소된 작은 그림들을 보여 주는 웹사이트를 디자인하는 것은 화면에 꽉 차는 원본 사진을 보여 주는 웹사이트를 디자인하는 일과는 다르다. 담아야 할 콘텐츠 요소들의 분량을 미리 알면, 웹사이트 구축 과정에서 의사결정이 필요할 때 충분한 정보를 기반으로 올바른 결정을 내릴 수 있다.

  콘텐츠 요소에 대한 책임자를 되도록 일찍 파악하는 것도 중요한 일이다. 전략 목표에 부합하는 콘텐츠들을 결정하고 나면, 그 내용을 만들고 유지 관리해야 하는 책임이 나에게 없는 한 정말로 좋은 아이디어로 느껴지기 마련이다. 필요한 모든 콘텐츠 각각에 대한 책임자를 정하지 않은 채 개발을 너무 많이 진행하게 되면, 계획상으로는 모두가 좋아했던 그 콘텐츠 아이디어들이 사실 누군가가 담당해서 진행하기엔 너무 어렵다는 것이 밝혀져서 웹사이트 군데군데가 비어 있는 채 마무리될 가능성이 높다.

  사람들이 요구사항을 작성할 때에는 콘텐츠를 운용하는 데 많은 노력이 들어간다는 점을 간과하곤 한다. 웹사이트를 처음 구축할 때는 기한 내에 콘텐츠를 만들어내기 위해서 임시로 직원을 고용하거나 마케팅 부서의 누군가에게 콘텐츠 생산을 맡길 수 있을지 모른다. 하지만 누가 그 콘텐츠를 업데이트해야 하는가? 쓸모 있는 콘텐츠는 지속적인 관리가 필요하다. 콘텐츠를 만들 때 마치 한 번 올리고 잊어버릴 것처럼 작업하면, 그 웹사이트는 시간이 지남에 따라 점점 더 사용자 요구를 충족시키지 못하게 된다.

따라서 모든 콘텐츠에 대한 업데이트 빈도를 정해 둬야 한다. 업데이트 빈도는 웹사이트의 전략 목표에 기반해서 도출되어야 한다. 제품의 목적을 고려할 때, 사용자가 얼마나 자주 돌아오기를 바라는가? 사용자의 요구를 고려한다면, 그들은 정보가 얼마나 자주 업데이트되기를 기대하는가? 단, 사용자들이 생각하는 이상적인 업데이트 빈도("모든 정보를 하루 24시간 언제라도 알 수 있으면 좋겠어요!")가 회사 입장에서는 현실적이지 않을 수 있다는 걸 염두에 두자. 사용자들의 기대와 가용한 자원 사이에서 합리적인 타협점을 찾아 빈도를 결정해야 한다.

웹사이트가 여러 부류의 사용자들을 대상으로 한다면, 각 콘텐츠가 어떤 사용자에게 도움이 되는지를 파악함으로써 그 콘텐츠를 어떻게 제시할지를 결정할 수 있다. 아이들을 위한 정보는 그 부모를 위한 정보와는 다른 방식으로 접근해야 한다. 아이와 부모 둘 다를 위한 정보가 있다면 또 다른 접근 방법이 필요하다.

기존에 있는 다량의 콘텐츠를 바탕으로 작업하는 프로젝트라면, 요구사항에 부합하는 수많은 정보가 하나의 콘텐츠 목록에 저장되어 있다. 웹사이트에 있는 모든 콘텐츠를 하나의 목록으로 만드는 일이 따분한 일로 보일지 모른다. 사실 그렇기도 하지만, 그 목록(보통 단순하지만 방대한 분량의 스프레드시트 형태가 된다)은 명확한 요구사항과 똑같은 이유에서 중요하다. 즉, 팀 구성원 모두가 무엇을 가지고 사용자 경험을 구축해야 하는지를 정확하게 알게 되는 것이다.

| 요구사항의 우선순위

요구사항에 대한 아이디어를 모으는 것은 어려운 일이 아니다. 조직 안팎에서 정기적으로 제품을 사용하는 사람들은 대부분 추가하고 싶은 기능에 대한 아이디어를 최소한 하나는 갖고 있을 것이다. 까다로운 부분은 프로젝트의 범위에 어떤 기능이 포함되어야 하고 어떤 부분이 그렇지 않은지를 선별하는 일이다.

전략 목표와 기능 요구사항 사이에서 단순한 일대일 관계를 보는 것은 사실 상당히 드문 일이다. 하나의 요구사항이 여러 전략 목표에 적용되기도 하고, 하나의 전략 목표에 몇 가지 요구사항이 연관되기도 할 것이다.

범위는 전략을 바탕으로 정해지므로, 요구사항으로서의 부합 여부를 판정하는 것도 그 내용이 전략적 목적(제품 목표와 사용자 요구)을 충족시키는지를 바탕으로 해야 한다. 또한 그 두 가지 외에도 범위를 정하려면 세 번째 기준, 즉 그 내용을 구현하는 일이 실제로 가능한지를 검토해야 한다.

어떤 내용은 기술적으로 불가능하기 때문에 구현할 수가 없다. 이를테면 웹사이트에서 상품의 냄새를 맡아보는 기능을 사람들이 아무리 원한다고 해도, 그런 기술은 아직 없기 때문에 제공할 수 없다. 활용할 수 있는 인력이나 재정 자원보다 더 많은 자원이 필요하기 때문에 실현할 수 없는 내용(특히 콘텐츠의 경우)도 있다. 단순히 시간이 문제인 경우도 있어서, 2개월 안에 웹사이트를 출범시켜야 하는 경영상의 요구사항이 있을 때 3개월을 개발해야 만들어낼 수 있는 기능이 있다면 이 역시 실현이 불가능하게 된다.

시간이 부족한 경우에는 그 기능을 다음 버전이나 다음 프로젝트 단계로 밀어 놓는 방법이 있다. 자원이 부족하다면, 기술이나 조직에 변화를 줌으로써 자원 부담을 가볍게 해서 그 기능을 구현하게 되는 경우도 가끔은 있다(그렇다고는 해도, 미안하지만 정말 불가능한 일들은 불행히도 어떻게 해도 불가능할 것이다).

홀로 고립되어 존재하는 내용은 거의 없다. 웹사이트에 올라와 있는 콘텐츠 조차도 그 제공하는 내용을 어떻게 하면 최대한 활용할 수 있는지 알려주는 주변 기능에 의지하기 마련이고, 이런 사실은 결국 그 내용들이 서로 상충

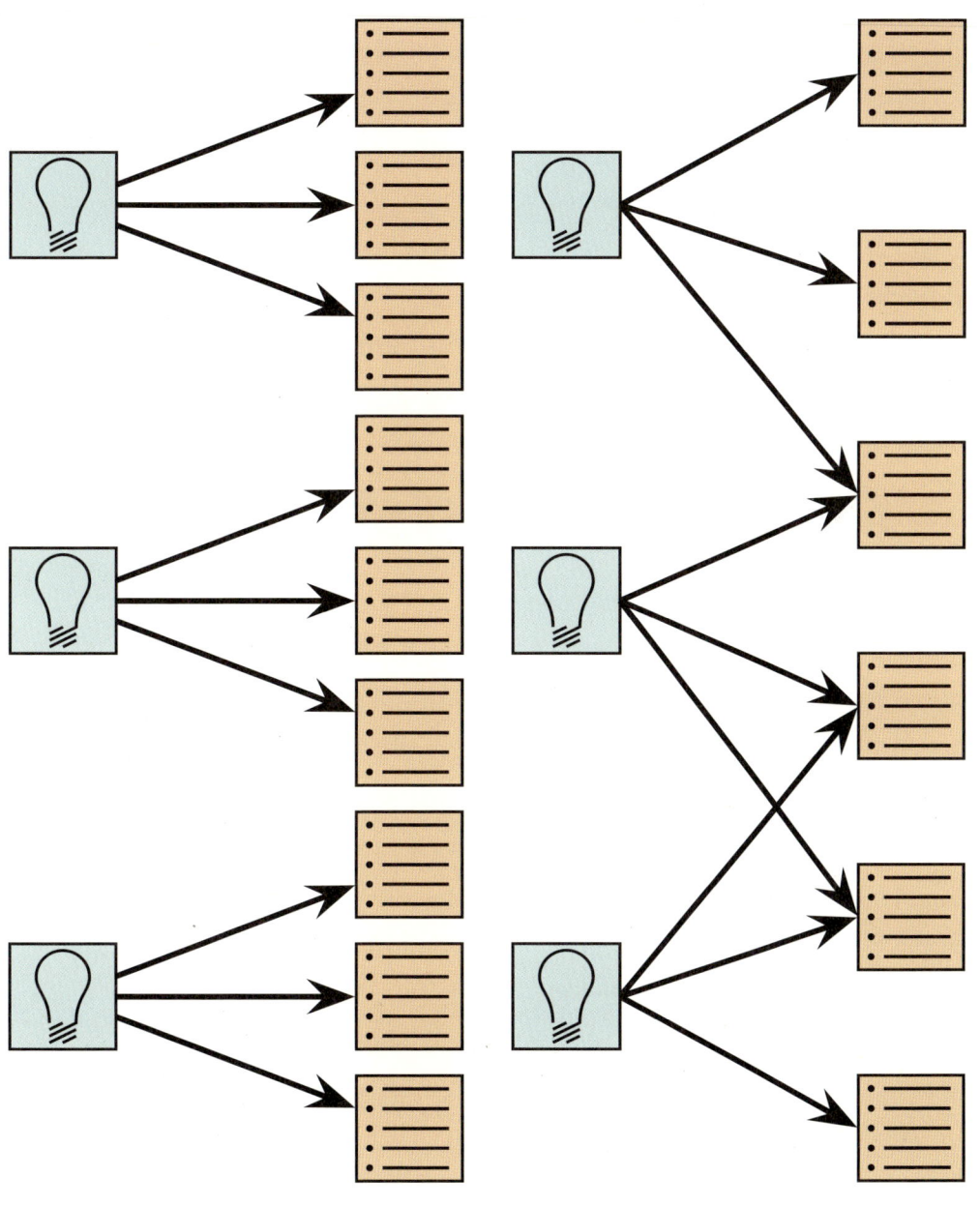

| 하나의 전략 목표가 여러 개의 요구사항과 연관되는 경우(왼쪽)도 있고, 하나의 요구사항이 여러 전략 목표에 기여하는 경우(오른쪽)도 있다. |

될 수 있는 원인이 된다. 일관성 있는 전체 시스템을 만들기 위해서, 어떤 내용은 시스템의 다른 내용과 균형을 맞춰야 하는 것이다. 예를 들어 사용자가 웹사이트에서 한 번 클릭으로 상품을 주문할 수 있는 단순한 방식을 원한다고 하자. 하지만 그 사이트가 사용하고 있는 데이터베이스가 오래된 버전이라면 필요한 데이터를 한 번에 처리할 수 없을지도 모른다. 그냥 여러 번의 클릭이 필요한 방식을 채택할 것인가? 혹은 데이터베이스 시스템을 다시 구축할 것인가? 이는 전략 목표에 달려 있다.

사업 전망 문서를 작성하는 동안에는 명백히 드러나지 않았지만, 범위를 정의하는 과정에 들어와서 전략에 영향을 줄 수 있는 내용을 웹사이트에 추가하자는 제안이 나오는 경우에는 조심해서 다뤄야 한다. 프로젝트 전략에 부합하지 않는 그런 제안은 당연히 프로젝트의 범위에 포함되지 않는다. 하지만 제안된 내용이 프로젝트 범위에 포함되지는 않더라도 앞서 나열된 제약 조건에 걸리지 않으며 여전히 좋은 아이디어라고 생각한다면, 전략 목표 자체를 일부 재검토할 수도 있다. 그러나 그 과정에서 전략의 많은 부분을 수정하게 된다면, 요구사항을 너무 일찍 정의하려고 하는 건지도 모른다.

전략 목표들 사이의 우선순위가 전략 문서나 사업 전망 문서에 명확하게 표시되어 있다면, 그 우선순위들을 제안된 내용들의 우선순위 결정에 있어 주요한 근거로 삼아야 한다. 하지만 가끔은 전략 목표들 사이의 상대적인 중요성이 명확하지 않은 경우도 있는데, 그런 경우 해당 내용이 프로젝트의 범위에 포함될지 여부는 대부분 회사 내의 정치적 상황을 따르게 된다.

관련자들이 전략에 대해서 이야기할 때는 보통 웹사이트에 포함시킬 내용에 대한 아이디어를 먼저 쏟아내며, 그 근거가 되는 전략적 요소에 대해서는 따로 유도를 해야만 논의하게 되곤 한다. 사람들은 내용과 전략을 잘 구분하지 못하기 때문에, 어떤 내용들은 각각 그 대표자를 갖게 된다. 결국 요구사항을 정의하는 과정은, 서로 다른 내용을 대표하는 열정적인 이해 당사자들 사이의 협상의 문제가 되는 것이다.

이러한 협상 과정은 다루기 어려울 수도 있다. 이해 당사자들 사이의 갈등을 해소하는 최선의 방법은 이미 정의된 전략에 비추어 보는 것이다. 전략적 목표를 성취하기 위해 제안된 수단이 아니라, 그 목표 자체에 집중하는 것이다. 특정한 내용에 집착하는 사람에게 그 내용이 성취하고자 하는 전략적 목표를 다른 방법으로도 성취할 수 있음을 확신시켜 줄 수 있다면, 그 사람도 자신이 대표하는 사용자의 요구가 무시되었다고 느끼진 않을 것이다. 물론 이런 문제는 말보다 행동이 어려운 경우가 많다. 내용들 간의 갈등을 해소하는 데에는 이해 당사자들의 요구에 대한 동감을 표하는 게 필수적이다. 기술 중심의 분야에서 일하지만 사람 다루는 데에도 능숙해야 한다는 것이다.

5 구조층

인터랙션 디자인과 정보 구조 설계

요구사항을 정의하고 우선순위를 매기고 나면,

제품에 최종적으로 무엇이 포함될지에 대한 명확한 그림을 갖게 된다.

그렇지만, 요구사항만으로는 그 조각들을 어떻게 한데 모아

통합시킬 수 있는지는 알 수 없다. 이 장은 범위층 위에서

웹사이트의 개념적 구조를 개발하는 층에 대해서 다룬다.

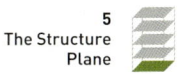

구조의 정의

구조의 영역은 UX 요소 모델의 다섯 층 중에서 세 번째 층으로, 전략과 범위라는 추상적인 주제에서 사용자가 최종적으로 경험하게 되는 실체적인 요소로 중심이 바뀌는 대목이다. 그러나 추상과 실체 사이의 선이 모호한 경우도 있다. 대부분의 경우 이 층에서 결정되는 사항들이 최종적으로 제품에 뚜렷하고 실질적인 영향을 주기는 하지만, 여전히 그 결정 자체는 대체로 개념적인 사안과 연관되어 있다.

전통적인 소프트웨어 개발에서는 구조화된 사용자 경험을 만드는 일과 관련된 활동을 인터랙션 디자인interaction design 이라고 한다. 이 분야는 '인터페

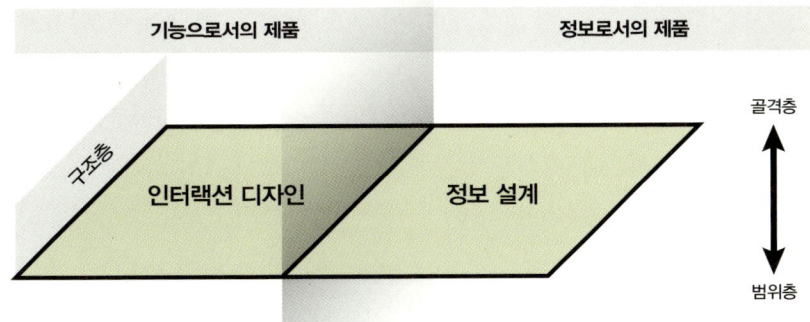

이스 디자인interface design'이라는 용어 아래 뭉뚱그려졌으나, 이제는 고유한 영역으로 자리를 잡았다.

콘텐츠 개발에서 사용자 경험을 구성하는 것은 정보 구조 설계information architecture의 문제이다. 이 분야는 역사적으로 콘텐츠를 구성하고 분류하고 나열하고 제공하는 활동인 도서관학, 언론학, 기술적 의사소통을 비롯한 여러 분야와 함께 다루어져 왔다.

인터랙션 디자인과 정보 구조 설계는 공통적으로 사용자에게 어떤 선택 사항을 전달할지에 대한 패턴과 절차를 정의하는 데에 중점을 두고 있다. 인터랙션 디자인은 어떤 작업을 수행하고 완료하는 데 관련되는 선택 사항을 다루며, 정보 구조 설계는 사용자에게 정보를 전달하는 데 관련되는 선택 사항을 다룬다.

인터랙션 디자인과 정보 구조 설계는 난해하고 매우 기술적인 영역처럼 보이지만, 사실 기술에 대한 분야라고 볼 수는 없다. 이 분야는 사람들의 행동과 생각을 바탕으로 그들을 이해하는 일에 대한 부분이다. 그렇게 이해한 바를 제품 구조에 투영함으로써, 제품을 사용하는 사람들에게 성공적인 사용자 경험을 보장할 수 있다.

| 인터랙션 디자인

인터랙션 디자인은 가능한 사용자의 행동을 기술하고, 시스템이 사용자의 행동을 어떻게 받아들이고 반응해야 하는지를 정의하는 데 중점을 둔다. 어떤 사람이 어떤 제품을 이용할 때마다 그 둘은 일종의 춤을 함께 추고 있다고 생각할 수 있다. 사용자가 움직이면, 시스템이 반응한다. 그러면 또 다시 시스템의 반응에 맞춰 사용자가 움직이는 식으로 계속해서 춤이 이어지는 것이다. 하지만 일반적으로, 소프트웨어는 그런 춤을 인식하도록 디자인되지 않는다. 과거에는 모든 소프트웨어가 어차피 조금씩 다른 방식으로 춤을 춘다면, 사용자가 경우에 따라 맞추도록 하는 것도 나쁘지 않다고 생각했던 것 같다. 시스템은 그저 자기 일을 할 뿐이고, 서로 발을 밟거나 하는 일은 그저 배우는 과정의 일부였던 것이다. 그러나 춤을 추는 사람들이라면 누구나 말하듯이, 춤이 제대로 진행되려면 거기에 참여하는 모든 사람이 다른 이의 움직임을 예측할 수 있어야 한다.

프로그래머는 전통적으로 소프트웨어의 두 가지 측면, 즉 무엇을 하는 소프트웨어이고 어떻게 동작하는가에 초점을 맞춰 관심을 갖는다. 물론 거기에는 합당한 이유가 있다. 그런 세부사항에 열정을 갖는 것이야말로 프로그래머들이 자신의 분야에서 뛰어난 전문성을 갖는 길이기 때문이다. 하지만 이런 성향은 동시에 프로그래머들이 시스템을 구축할 때에 사용자에게 편리한 방식보다 기술적인 측면에서 효율적인 방법을 선택할 가능성이 높다는 것이다. 특히 컴퓨터 성능에 제약이 많았던 과거에는, 그 기술적 한계 내에서 기능을 수행하도록 하는 게 최선의 방법이었다.

기술적 측면에서 최선의 접근 방법이 사용자 관점에서 최선의 접근 방법인 경우는 절대로 없다고 생각해도 좋을 것이다. 그 덕택에 소프트웨어는 대개의 경우 복잡하고, 헷갈리며, 쓰기 어렵다는 오명이 따라다닌다. 이게 바로 지난 몇 년 동안 사용자와 컴퓨터가 함께 일하도록 하기 위해서는 오직 사람들에게 컴퓨터 내부의 동작 원리를 포함한 '컴퓨터 사용 능력' 교육을 받게 하는 수밖에 없다고 여겼던 이유다.

오랜 시간이 걸리긴 했지만, 사람들이 기술을 활용하는 방식에 대해서 점점 더 많이 알게 되면서 우리는 기계의 관점에서 잘 동작하는 소프트웨어를 디자인하는 대신 사용하는 사람들의 관점에서 잘 동작하는 소프트웨어를 디자인함으로써, 문서 담당 직원들의 컴퓨터 사용 능력을 높이기 위해서 프로그래밍 교육을 하는 번거로움을 덜 수 있다는 사실을 납득하게 됐다. 소프트웨어 개발자가 이를 수행할 수 있도록 해주는 새로운 분야를 인터랙션 디자인이라고 한다.

개념적 모델

만들어진 인터랙션 요소의 동작 방식에 대한 사용자들의 인상을 개념적 모델conceptual model이라고 한다. 예를 들어 사람들이 소비하는 물건이나, 방문하는 장소, 획득하는 물건과 같은 특정한 종류의 콘텐츠를 다루는 웹사이트들은 어떨까? 이를 다루는 방식은 웹사이트마다 다르다. 개념적 모델을 잘 파악해 두면 디자인을 결정함에 있어서 일관된 접근을 할 수 있다. 콘텐츠가 장소인지 물건인지가 중요한 게 아니라, 같은 요소를 어떤 때에는 장소처럼 다루다가 다른 때에는 물건처럼 다룬다거나 하지 않고 일관된 방식으로 동작하게 하는 것이 중요하다.

이를테면 보통의 전자상거래 웹사이트에 포함되어 있는 장바구니 요소에 대한 개념적 모델은 일종의 가방 같은 것이다. 이 은유적인 개념은 그 요소의 디자인과 사용되는 인터페이스 둘 다에 영향을 미친다. 가방에는 물건을 담을 수 있다. 따라서 '장바구니'에도 물건을 '담는다'거나 '꺼낸다'는 것이 가능하며, 시스템은 그런 작업을 수행하는 기능을 제공해야 한다.

이 요소를 위해서 실세계에서 차용한 개념적 모델이 카탈로그 쇼핑이라면 어떨까? 시스템은 일반적인 장바구니에 있는 상품 추가나 삭제 기능 대신 주문 양식의 편집 기능을 제공하고, 또한 쇼핑을 끝내려면 결제하기 대신 주문 내역 보내기라는 비유를 사용해야 할 것이다.

상점 모델과 카탈로그 모델은 둘 다 웹을 통해 물건을 주문하는 일에 완벽히 부합한다. 그러면 어떤 모델을 선택해야 할까? 웹에서 사실상 관습이라고 할 수 있을 정도로 널리 쓰이고 있는 것은 상점 모델이다. 대상 사용자들이 다른 웹사이트에서도 쇼핑을 많이 한다면 그런 관습을 그대로 적용해야 할 것이다. 사람들에게 이미 익숙해진 개념적 모델을 사용하면 친숙하지 않은 웹사이트에 쉽게 적응할 수 있게 해준다. 물론 사용자가 쉽게 이해할 수 있다는 충분한 이유가 있으며 그들의 요구를 충족시킬 수 있는 다른 개념적 모델이 있다면 그런 관습을 깨지 말라는 법은 없다. 익숙하지 않은 개념적 모델은 사용자들이 그걸 이해하고 해석할 수 있을 때에만 효과적으로 쓰일 수 있다.

개념적 모델은 시스템에 포함된 요소 하나를 뜻할 수도 있고, 전체 시스템을 모두 뜻할 수도 있다. 뉴스와 비평을 다루는 웹사이트 슬레이트Slate를 처음 만들었을 때 그 개념적 모델은 실세계의 잡지였다. 그 웹사이트에는 앞표지와 뒤표지가 있었으며, 모든 페이지마다 쪽수와 '페이지 넘기기' 기능을 제

| 사우스웨스트 항공사의 예전 웹사이트는 개념적 모델이 실세계의 물건들과 지나치게 연계되어 있는 고전적인 사례이다. |

공하는 인터페이스 요소가 있었다. 하지만 이런 개념적 잡지 모델은 웹에서 그다지 실효가 없다는 게 드러났고, 결국 슬레이트 사이트도 그 방식을 포기했다.

개념적인 모델을 웹사이트 사용자에게 명시적으로 전달할 필요는 없다. 심지어 그렇게 하면 사용자를 도와주기보다 혼란스럽게 하는 경우도 있다. 중요한 것은 인터랙션 디자인을 발전시키는 과정에 있어서 일관적인 모델을 적용해야 한다는 점이다. 사용자 스스로가 웹사이트에 대해 갖고 있는 모델을 이해하면 가장 효과적인 개념적 모델을 선택하는 데 도움이 된다. 그 웹사이트가 상점처럼 동작하는가? 아니면 상품 카탈로그처럼 동작하는가? 이상적인 경우라면 어떤 개념적 모델을 채용하고 있는지를 말할 필요도 없이, 사용자는 웹사이트의 반응이 자신의 기대와 맞아 떨어지는 걸 보며 직접 사용해 봄으로써 직관적으로 그 모델을 이해할 수 있을 것이다.

실세계에 있는 사물을 은유적으로 차용해서 개념적 모델을 만들고 시스템 기능에 적용하는 게 좋은 방법일 수 있다. 하지만 지나치게 직접적인 은유를 사용하면 안된다는 것을 기억해야 한다. 사우스웨스트 항공사Southwest Airlines

의 예전 홈페이지는 한쪽에 선전물이 쌓여 있고 다른 한쪽에는 전화기가 놓여 있는 고객 서비스 접수 창구의 모습을 그대로 담고 있었다. 수년간 이 웹사이트는 개념적 모델의 지나친 적용 사례가 되었다. 이를테면 항공권을 예약하는 행위가 전화를 하는 것과 연관되어 있을지는 몰라도, 그렇다고 전화기가 항공권 예약 시스템을 상징해야 하는 건 아니다. 사우스웨스트 항공사도 나쁜 사례로 유명해지는 데 질려버렸는지, 웹사이트에서 은유적인 부분을 많이 덜고 훨씬 더 기능적인 모습으로 개편했다.

오류 처리

모든 인터랙션 디자인 프로젝트에 있어서 큰 부분을 차지하는 것이 사용자의 오류를 다루는 부분이다. 사람들이 실수를 했을 때 시스템은 어떻게 할 것인가? 또한 애당초 그런 실수가 발생하지 않도록 시스템이 할 수 있는 일은 무엇인가?

   오류를 막을 수 있는 처음이자 최선의 방책은 오류가 일어나는 게 불가능하도록 시스템을 디자인하는 것이다. 자동변속기가 달려 있는 자동차에서 이런 유형의 방책에 대한 좋은 사례를 찾아볼 수 있다. 자동차 엔진에 기어가 물려 있는 상태에서 시동을 걸면 복잡하고 정밀한 변속 장치를 손상시킬 수 있다. 게다가, 시동이 걸리는 대신 갑자기 자동차가 앞으로 전진하면서 요동치게 된다. 자동차와 운전자에게도 좋지 않은 일이고, 혹시 자동차 앞을 지나가던 행인이 있다면 그 사람에게도 안 좋은 일이 될 것이다.

   이런 사태를 막기 위해서, 자동변속기가 달려 있는 자동차들은 기어가 물려 있으면 시동이 걸리지 않도록 설계되어 있다. 기어가 물려 있는 한 시동을 걸 수가 없기 때문에, 앞의 오류는 절대로 일어나지 않게 된다. 하지만 불행하게도, 이렇게 사용자 오류를 애당초 불가능하게 만들기란 대개의 경우 쉽지 않은 일이다.

   오류를 불가능하게 만드는 두 번째 방책은 단순히 오류 행동을 하기 어렵게 만드는 것이다. 하지만 그런 방책들이 적용되어 있다고 해도 어떤 오류들은 일어나게 되어 있다. 그런 상황이 되면, 시스템은 사용자가 오류 상황을

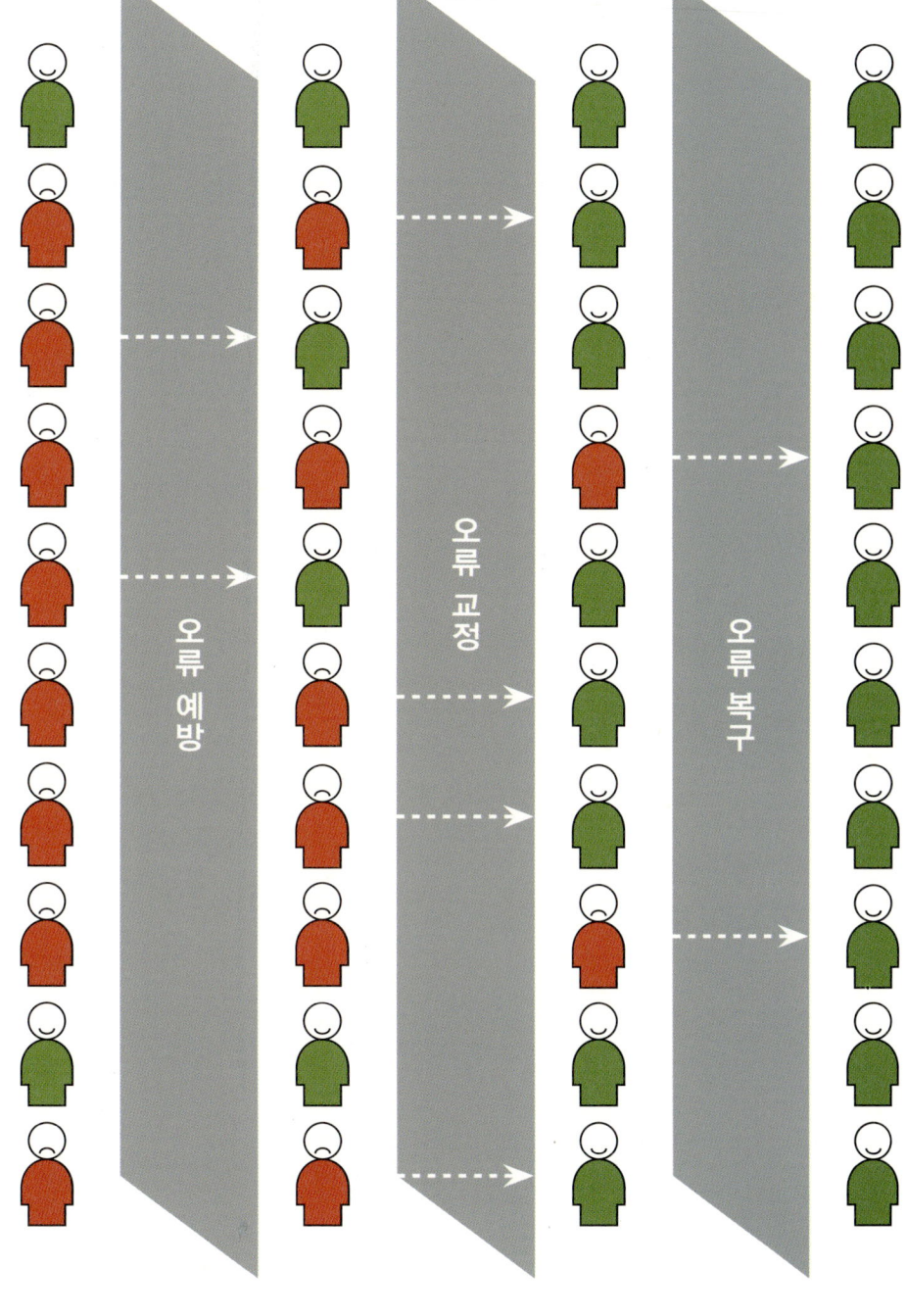

파악하고 수정할 수 있도록 도와줘야 한다. 경우에 따라 시스템이 사용자 대신 오류를 수정해 줄 수도 있다. 하지만 이런 접근은 주의를 기울여야 한다. 소프트웨어 제품의 가장 짜증나는 행동 중 일부는 바로 사용자 오류를 수정해 주려는 좋은 의도를 가진 노력에서 비롯된다(마이크로소프트 워드를 사용해 본 사람은 이게 무슨 뜻인지 잘 알 것이다. 워드는 일상적인 오류를 수정하기 위한 수많은 기능을 제공하고 있는데, 나는 워드가 바꿔 놓은 걸 다시 고치느라 실제로 일할 시간을 낭비하지 않을 수 있도록 그런 기능을 찾아 꺼 놓곤 한다).

일단 오류가 발생한 후에는, 사용자가 오류 상황을 잡아내려면 유용한 안내문과 이해하기 쉬운 인터페이스가 많은 도움이 된다. 어떤 사용자 행동은, 그것이 오류라는 것을 시스템이 사전에 인식하지 못할 수도 있다. 이런 경우 시스템은 사용자에게 그 오류를 복구할 수 있는 방법을 제공해야 한다. 여기에 대한 가장 잘 알려진 사례는 유명한 실행취소undo 기능이겠으나, 오류 복구는 다른 형태로도 적용될 수 있다. 복구될 수 없는 오류의 경우 시스템이 제공할 수 있는 유일한 방책은 여러 번 경고하는 것이다. 물론 경고는 사용자가 그 내용을 실제로 인식했을 때만 효과가 있다. "정말로 삭제하시겠습니까?" 같은 확인 창을 너무 자주 보여 주면 진짜 중요한 내용을 보지 못하게 될 수 있으며, 사용자를 돕기보다 귀찮게 하는 경우가 더 많다.

| 정보 구조 설계

정보 구조 설계는 새로운 개념이지만, 그 활동 자체는 오래된 것이다. 정보 구조는 사실상 인간이 의사소통을 해온 역사만큼이나 오래되었다. 사람들이 전달하고자 하는 정보가 있는 한, 그 내용을 다른 사람이 이해하고 활용할 수 있게 구성하는 과정에서 어떤 선택을 하게 된다.

정보 구조는 사람의 의식적인 정보 처리 방식과 연관되어 있으므로, 사용자가 표시된 정보를 이해해야 하는 제품이라면 모두 그 정보 구조에 대한 고려가 되어 있어야 한다. 그런 고려는 물론 회사의 인트라넷 같은 정보 중심의 제품에서 특히 중요하지만, 휴대폰 같은 기능 중심의 제품의 경우에도 커다란 영향을 미친다.

콘텐츠 구성

콘텐츠 웹사이트에서 정보 구조 설계란 사용자가 웹사이트를 효율적이고 효과적으로 돌아다닐 수 있게 해주는 구조적인 경로 계획에 대한 일이다. 웹에서 정보 구조는 사람들이 정보를 쉽게 찾을 수 있게 해주는 정보 검색 분야와 직접적으로 연결되어 있다. 하지만 웹사이트의 구조는 종종 사람들이 정보를 찾게 해주는 것을 뛰어넘어서, 많은 경우 사용자를 학습시키고 정보를 주며 설득시키는 역할도 하게 된다.

일반적으로 정보 구조의 문제를 해결하려면 대상 웹사이트가 갖는 목표, 충족시킬 사용자의 요구, 웹사이트에 담아 낼 콘텐츠에 모두 부합하는 분류 체계가 필요하다. 그러한 분류 체계를 만들어 내는 방법에는 하향식 접근과 상향식 접근의 두 가지 방법이 있다.

정보 구조 설계에 있어서 하향식 접근이란 전략층에서의 고려 사항, 즉 제품 목표와 사용자 요구에 대한 이해를 바탕으로 직접 구조를 도출하는 것을 말한다. 우선 전략적 목표를 이루는 데 도움이 될 수 있는 콘텐츠와 기능을 대략의 범주로 나눈 다음, 그 범주를 논리적으로 좀 더 작게 나눈다. 이들 범주와 세부 분류가 콘텐츠와 기능을 집어넣을 자리가 된다.

정보 구조 설계에 있어서 상향식 접근 또한 분류와 세부 분류를 이끌어 내는 작업이지만, 그 과정은 콘텐츠 및 기능 요구사항에 대한 분석을 바탕으로 한다. 이미 확보되어 있거나 웹사이트를 공개할 시점까지 확보될 내용에서 시작하여, 그 항목들을 작은 분류들로 뭉친 다음 그 작은 분류들을 보다 큰 범주들로 다시 묶으면서 제품 목표와 사용자 요구를 반영하는 구조를 만들어 나간다.

이 두 가지 접근 방법 중 어느 쪽이 더 낫다고 말할 수 있는 건 아니다. 하향식 접근을 통한 설계 방법은 콘텐츠 자체에 대한 중요한 세부 사항을 간과하게 만드는 경우가 있다. 반면에 상향식 접근을 통해 설계된 정보 구조는 확보되어 있는 콘텐츠에 지나치게 딱 맞춰져, 내용이 바뀌거나 추가되는 경우에

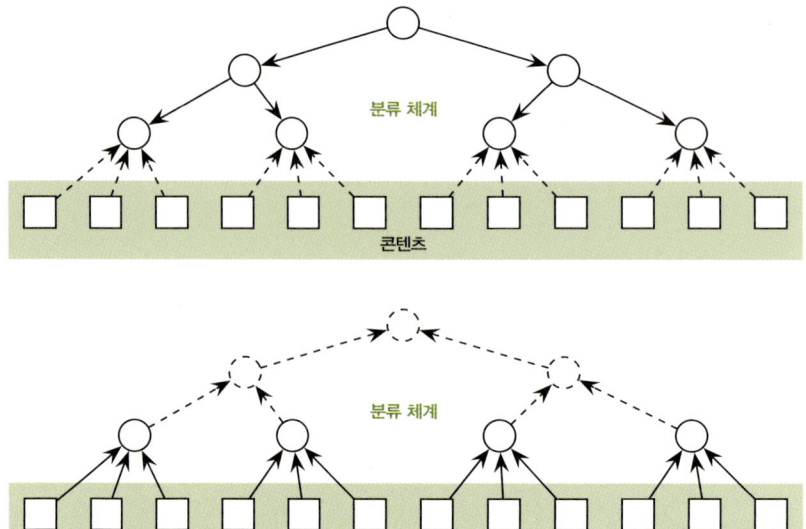

| 하향식 설계 방법은 전략층에서의 고민으로부터 시작한다.(위) 상향식 설계 방법은 범위층에서의 고민으로부터 시작한다.(아래) |

유연하게 대응하지 못하기도 한다. 하향식 사고 방식과 상향식 사고 방식 사이에서 균형을 맞추는 것만이 이런 문제를 피할 수 있는 유일한 방법이다.

이렇게 나뉜 분류가 정보 구조의 각 수준이나 부분에 몇 개씩 들어가는지에 집착할 필요는 없으나, 사용자와 그들의 요구사항에는 반드시 부합해야만 한다. 웹사이트 구조의 품질을 평가하기 위한 방법으로 어떤 작업을 마치는데 필요한 단계나 내용을 찾는데 필요한 클릭의 개수를 세는 사람이 있다. 그렇지만 품질의 가장 중요한 척도는 그 과정에 몇 단계가 걸리는지가 아니라, 그 각각의 단계가 사용자에게 의미가 있으며 이전 단계로부터 자연스럽게 이어지느냐 하는 점이다. 모든 사용자는 헷갈리게 축약된 세 단계의 과정보다 명확하게 정의된 일곱 단계를 더 좋아한다.

웹사이트는 살아 있는 존재 같아서, 끊임 없는 보살핌과 영양분이 필요하다. 또한 시간이 지남에 따라 성장하고 변화한다. 대부분의 경우, 그런 과정을 통해 요구사항이 몇 개 추가된다고 해서 웹사이트의 전체 구조를 다시 검토해야 하는 경우는 없어야 한다. 효과적인 정보 구조는 성장과 변화를 수용할 수 있어야 한다. 그러나 새로운 콘텐츠를 축적하다 보면 결국은 웹사이트 구성에 대한 원칙을 재검토해야 하는 날이 온다. 예를 들어 사용자가 보도자료를 날짜별로 넘겨 가면서 보게 하는 정보 구조는 몇 개월 분의 자료만 있을 때는 괜찮을지 몰라도, 몇 해가 지나면 주제별로 정리하는 것이 보다 현실적인 방법일 것이다.

웹사이트 구조를 비롯해서 전체 사용자 경험은 사이트의 목적과 대상 사용자의 요구에 대한 이해를 바탕으로 만들어진다. 웹사이트의 목적이 재정의되거나 충족시켜야 할 요구사항이 바뀐다면, 그에 따라 웹사이트의 구조를 다시 손볼 준비를 해야 한다. 하지만 그런 구조적 개선의 필요성이 사전에 미리 예고되는 경우는 거의 없어서, 정보 구조를 손봐야 한다는 생각이 들 때쯤이면 사용자는 이미 고생하고 있는 경우가 많다.

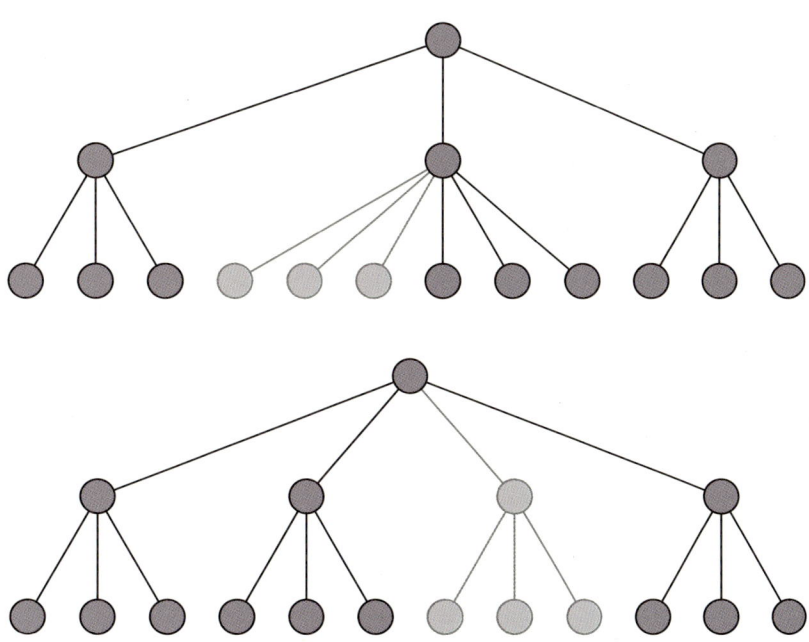

| 융통성 있는 정보 구조를 설계해 두면 기존 분류에 새로운 콘텐츠를 추가(위)하거나 아예 새로운 분류를 통째로 추가(아래)할 수도 있다. |

설계 방법

정보 구조의 기초 단위는 마디node이다. 하나의 마디는 상품의 가격표처럼 작은 정보 한 조각을 의미할 수도 있고, 도서관 하나를 채울 만큼 많은 정보의 모음을 의미할 수도 있다. 정보를 페이지나 문서나 구성 요소 단위로 나누지 않고 마디 단위로 다루게 되면, 다양한 주제에 대해서 공통의 용어와 구조 개념을 적용할 수 있는 장점이 있다.

또한, 마디 단위로 추상화하는 것은 나중에 고민하게 될 세부 항목들의 수준을 명확히 설정할 수 있게 해준다. 대부분 웹사이트의 구조 설계 프로젝트는 포함될 페이지들의 배치 방법에만 관심을 갖는데, 페이지를 기본 마디로 설정하면 그보다 작은 단위의 정보는 다루지 않는다는 점을 확실히 해둘 수 있다. 만일 진행 중인 프로젝트의 관점에서 볼 때 페이지가 너무 작은 단위라면, 웹사이트의 항목들을 각각 하나의 마디로 대응시킬 수 있다. 페이지가 너무 큰 단위인 경우에는, 페이지에 포함된 각각의 콘텐츠 요소를 마디로 정의하고 페이지는 그런 마디들의 모음으로 정의할 수도 있다.

이렇게 정해진 마디들은 다양한 방법으로 배치할 수 있지만, 사실 몇 가지 일반적인 경우로 분류할 수 있다.

계층 구조는 나무 모양이나 방사형이라고 부르기도 하며, 각각의 마디는 서로 상하 관계로 연결되어 있다. 하위 마디는 그 상위의 마디가 의미하는 범주 안에서 그보다 좁은 개념을 나타낸다. 모든 마디에 하위 마디가 있는 것은 아니지만, 모든 마디에는 상위 마디가 있어서 구조 전체를 아우르는 최상위 마디(나무의 뿌리에 해당한다)까지 연결된다. 계층적 관계라는 개념은 사용자에게도 이해가 쉬운 데다가 소프트웨어는 어차피 계층적으로 동작하기 때문에, 이런 유형의 구조는 다른 어떤 구조보다도 훨씬 더 널리 쓰인다.

격자 구조는 사용자가 마디 사이를 다차원적으로 옮겨 다닐 수 있게 한다. 동일한 콘텐츠에 대해 사용자마다 관심을 갖는 축이 다르다면, 격자 구조를 적용하여 사용자마다 각기 다른 이동 경로를 제공할 수 있다. 예를 들어 사용자 중 일부는 제품을 색상별로 보고 싶어 하고 다른 사람들은 제품을 크기별로 보고 싶어 한다면, 격자 구조를 통해서 두 부류의 사용자를 모두 만족시킬

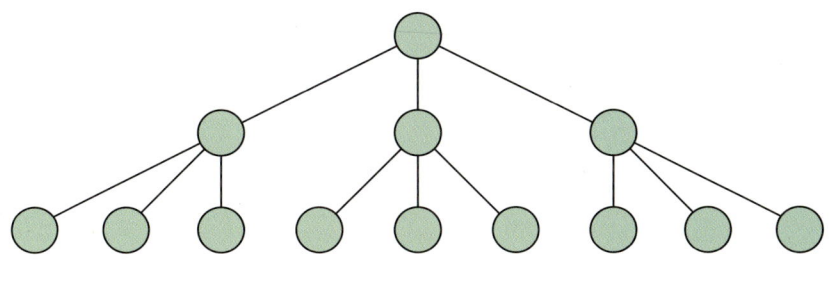

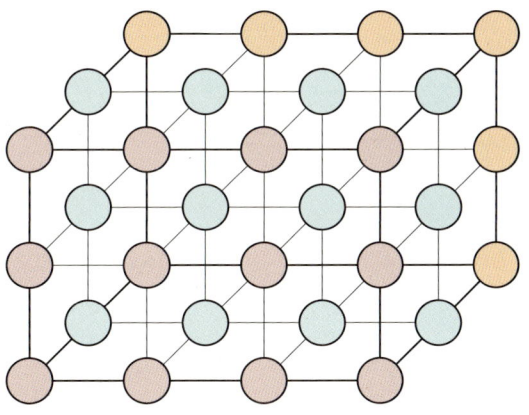

| 계층 구조(위)와 격자 구조(아래) |

수 있다. 그러나 사용자가 웹사이트를 돌아다니는 주요 경로로 3차원보다 복잡한 격자 구조를 사용할 경우에는 문제가 생길 수 있다. 인간의 두뇌로는 4차원 이상의 복잡한 경로를 통한 움직임을 쉽게 머릿속에 떠올릴 수 없기 때문이다.

유기 구조는 일관된 유형을 따르려 하지 않는다. 정보 마디들 사이의 연결 형태가 경우에 따라 다르고, 그 구조는 항목 구분에 대한 개념이 거의 없다. 유기 구조는 서로 관계가 불명확하거나 아직 확정되지 않은 주제들을 탐색하는 데 좋지만, 사용자가 정보 구조 안에서 어디쯤에 와 있는지에 대한 확신을 주지는 못한다. 엔터테인먼트나 교육 웹사이트의 경우처럼 사용자에게

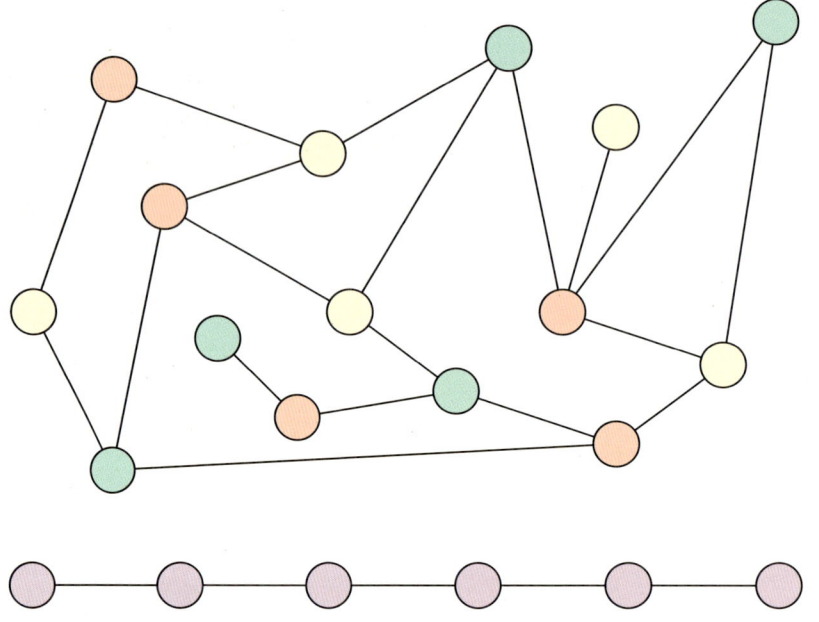

| 유기 구조(위)와 순차 구조(아래) |

자유롭게 정보를 찾아 다니는 느낌을 주고 싶다면 유기 구조를 쓰는 것도 좋다. 하지만 그 웹사이트의 사용자들이 이전에 봤던 콘텐츠를 다시 같은 경로를 통해서 찾기를 원한다면, 유기 구조를 적용하기에는 조금 까다로울지도 모른다.

　순차 구조는 오프라인 매체를 통해 매우 친숙해졌을 구조이며, 사실은 이 책을 읽고 있는 여러분이 지금 겪고 있는 바로 그 구조다. 언어의 순차적인 흐름은 세상에 있는 정보 구조 중 가장 기초적인 형태로, 정보를 처리하는 데 필요한 능력도 우리 두뇌에 이미 들어가 있다. 책, 글, 소리, 영상 등은 모두 순차적인 경험에 맞춰 만들어졌다. 웹에서의 순차 구조는 각 기사라든가 항목과 같이 소규모의 구조에서 주로 쓰이며, 대규모의 순차 구조는 교육용 자료와 같이 콘텐츠를 보여 주는 순서가 사용자의 요구와 맞아 떨어지는 경우에 한정되어 쓰이는 경향이 있다.

구성 원리

마디는 정보 구조의 구성 원리에 따라 배치된다. 간단히 말하자면, 구성 원리란 어떤 마디들을 한데 묶고 어떤 마디들은 따로 떨어뜨려 놓을지를 결정하는 기준이라고 할 수 있다. 웹사이트 안에서의 영역과 수준에 따라 서로 다른 구성 원리를 적용하게 된다.

예를 들어 기업 정보 웹사이트의 경우, 그 계층 구조의 거의 꼭대기에는 '고객 정보', '사업 정보', '투자 정보' 같은 분류가 있을 것이다. 이 수준에서의 구성 원리는 그 콘텐츠를 읽을 사람들이 된다. 다른 웹사이트는 최상위 분류로 '북미', '유럽', '아프리카' 등을 사용할 수도 있다. 지리적 위치를 구성 원리로 삼는 것은 세계 각지의 고객들의 요구사항을 충족시키는 방법 중 하나이다.

웹사이트의 최상위 수준에 적용하게 되는 구성 원리는 보통 제품 목표와 사용자 요구에 직접적으로 맞물려 있다. 그보다 낮은 수준의 구조에 어떤 구성 원리를 적용할지는 거기에 해당하는 콘텐츠 및 기능 요구사항과 관련된 주제에 큰 영향을 받는다.

이를테면 뉴스 중심의 콘텐츠를 다루는 웹사이트에서는 시간적 순서를 가장 눈에 띄는 구성 원리로 삼는 경우가 많다. 역사 속 과거가 아니라 최근에 벌어진 사건에 대한 정보를 찾기 위해 웹사이트를 방문했을 사용자는 물론, 그 웹사이트가 새로운 소식을 빨리 전하는 것을 강조함으로써 경쟁력을 갖고자 하는 운영자 입장에서도 시간은 가장 중요한 요소다.

정보 구조의 다음 수준에서는 콘텐츠에 좀 더 직접적으로 연결되어 있는 요소들이 관련된다. 스포츠 뉴스 웹사이트의 경우라면 콘텐츠는 '야구', '테니스', '하키' 등의 분류로 나뉠 것이다. 좀 더 일반적인 주제의 웹사이트에서는 '국제 뉴스', '국내 뉴스', '지역 뉴스' 같은 분류가 쓰일 것이다.

정보를 모아 놓으면 (두 항목을 모았든 200개나 2000개 항목을 모았든 간에) 그 나름의 개념적 구조를 갖게 된다. 사실 그런 구조는 여러 개 있는 경우가 보통이며, 그것 또한 해결해야 할 문제의 일부이다. 그저 구조를 하나 정한다고 되는 게 아니라, 프로젝트의 목표와 사용자의 요구에 부합하는 구조를 만들어야 하는 것이다.

자동차에 대한 정보를 모아 놓는 웹사이트를 만든다고 가정해 보자. 생각할 수 있는 구성 원리 중 하나는 정보를 차량의 무게별로 정리하는 것일 것이다. 그렇게 되면 사용자가 처음으로 보게 되는 정보는 데이터베이스에 저장되어 있는 정보 중에서 가장 무거운 차에 대한 내용이고, 다음은 두 번째로 무거운 차에 대한 내용이 나오는 식으로 제일 가벼운 차에 이르는 내용들이 나열된다.

이러한 접근은 일반 고객을 대상으로 하는 정보 웹사이트라면 아마도 잘못된 방법일 것이다. 사람들은 대부분의 경우 차량의 무게에 대해서 신경을 쓰지 않으며, 그런 경우에는 차량의 제조사, 모델명, 유형에 따라 정보를 구성하는 것이 보다 적절할 것이다. 그와 반대로 매일 같이 자동차를 해외로 실어 나르는 일을 하는 사업자라면 차량의 무게는 매우 중요한 요소가 되며, 연비라든가 엔진 종류는 거의 신경 쓰지 않는 속성이다.

이런 속성들은 도서관학에서 쓰는 용어로 주제면facet • 이라고 하며, 거의 모든 종류의 콘텐츠에 단순하고도 유연한 구성 원리를 제공해준다. 하지만 앞의 사례에서 보듯이 잘못된 주제면을 적용하느니 아예 이 개념을 쓰지 않는 게 낫다. 이런 문제에 대한 일반적인 해법은 상상할 수 있는 모든 주제면을 구성 원리로 적용해 놓고 사용자가 자신에게 중요한 것을 골라 쓰게 하는 것이다.

주제면이 몇 개만 있으면 되는 아주 단순한 정보를 다루는 경우가 아니라면, 불행히도 이런 접근은 정보 구조를 다루기 힘들 정도로 엉망진창으로 만들어 버린다. 사용자가 따라갈 수 있는 선택이 너무 많아서 결국 아무것도 찾을 수 없게 되는 것이다. 그 모든 속성을 파악해서 중요한 것을 골라내는 부담은 사용자가 아닌 우리가 져야 한다. 전략을 정의함으로써 사용자에게 필요한 것을 파악하고, 범위를 정의함으로써 어떤 정보가 그런 요구사항을 만

• Facet은 여러 개의 세부 주제를 계층적으로 분류하고, 콘텐츠 항목마다 그에 부합하는 주제들을 모두 중복해서 대응시킴으로써, 사용자가 자신이 생각하는 개념에 맞는 콘텐츠를 찾아낼 수 있게 해 주는 개념이다. 도서 검색 시스템에서 제목, 저자, 출판사, 출판일 등의 속성 중 원하는 것을 이용해 책을 찾는 기능이 대표적인 사례로, 도서관학계에서는 영단어 그대로 '파셋' 혹은 '패싯'이라고 부르기도 한다.

족시킬지를 파악한다. 구조를 만드는 과정을 통해서는 그 정보의 어떤 측면이 사용자의 관점에서 가장 중요한지를 파악하게 된다. 사용자가 무엇을 기대하는지를 알고 있고 그 기대를 충족시켜 주는 것이야말로 성공적인 사용자 경험이라고 할 수 있다.

언어와 메타데이터

사람들이 해당 주제에 대해 생각하는 방식이 정보 구조에 완벽하게 정확히 표현되어 있다고 하더라도, 정작 사용자가 웹사이트에 쓰인 설명이나 명칭 등의 전문 용어를 이해할 수 없다면 그 정보 구조를 통해 돌아다닐 수도 없을 것이다. 그러므로 반드시 사용자들이 쓰는 언어를, 그것도 일관적으로 적용해야 한다. 그런 일관성을 유지하기 위해서 사용하는 방법을 어휘 제한Controlled vocabulary이라고 한다.

어휘 제한이란 웹사이트에서 사용할 표준 용어를 모아 놓은 것에 불과하다. 이는 사용자 리서치가 필수적인 분야이다. 사용자에게 자연스럽게 느껴질 용어 체계를 개발하는 가장 효과적인 방법은 그들과 직접 이야기하고 그들의 의사소통 방법을 이해하는 것이다. 사용자의 언어를 반영하는 어휘 제한을 만들고 따르면, 조직 내부에서 쓰이던 은어가 웹사이트에 올라가서 사용자를 혼란스럽게 만드는 일을 막을 수 있다.

또한 어휘를 제한하면, 제공할 콘텐츠 전반에 걸쳐 일관성을 가질 수 있게 된다. 콘텐츠를 만드는 사람들이 서로 바로 옆에 앉아 일하든 다른 대륙에 있는 사무실에서 일하든 간에, 어휘 제한은 그 모든 사람이 사용자의 언어를 쓰도록 하는 데 확실한 도움을 준다.

어휘 목록을 제한하는 보다 세련된 방법은 용어집thesaurus을 만드는 것이다. 단순히 사용할 용어를 단순히 나열하는 게 아니라, 일반적으로 통용되지만 웹사이트에서는 쓰지 않기로 한 유의어들도 함께 적어 놓는 것이다. 용어집을 갖고 있으면 공식 용어에 대응하는 조직 내부의 은어, 속어, 약칭, 약자 등을 파악할 수 있으며, 정해진 용어 사이의 여러 관계를 함께 포함시킴으로써 보다 넓거나 좁은 의미를 갖는다거나 관련되어 있는 다른 용어를 추천해 줄 수 있다. 이런 관계를 문서화하면 대상 콘텐츠에 포함되어 있는 전체 개념에 대해 보다 완전한 그림을 볼 수 있으며, 이는 다시 정보 구조 설계에 있어 추가적인 접근 방법을 제시해 주기도 한다.

메타데이터를 포함하는 시스템을 구축하는 경우, 어휘 제한이나 용어집은 특히 많은 도움이 될 수 있다. 메타데이터라는 용어는 단순히 말해서 '정보에 대한 정보'를 뜻하며, 특정한 콘텐츠를 설명하는 구조적인 접근 방법을 의미한다.

의용 소방대원들이 최신 제품을 어떻게 사용하고 있는지에 대한 글을 다룬다고 하자. 그런 글에 들어갈 메타데이터는 아마 다음과 같을 것이다.

- 저자의 이름
- 글이 게시된 날짜
- 글의 유형 (예: 사례 연구, 논문 등)
- 제품의 명칭
- 제품의 유형
- 고객의 업무 분야 (예: 의용 소방대원)
- 기타 관련된 주제 (예: 시립 소방대, 응급 구조대 등)

이런 정보를 갖게 되면 이전에는 구현하기가 어렵거나 아예 불가능했던 정보 구조들을 고려할 수 있게 된다. 즉, 콘텐츠에 대해서 보다 자세한 정보를 가질수록 더 유연한 설계를 할 수 있게 되는 것이다. 만일 응급 구조대가 갑자기 회사의 새로운 유망 시장으로 떠올랐다면, 이런 메타데이터를 이용해서 웹사이트에 새로운 항목을 빠르게 추가함으로써 기존의 콘텐츠를 갖고 새로운 사용자의 요구를 충족시킬 수 있다.

그러나 이 모든 메타데이터를 모으고 추적한다고 해도 만일 그 자료가 일관적이지 않다면, 그런 기술적 시스템을 만들어 봐야 쓸모가 없을 것이다. 이 문제는 어휘 제한과도 연관이 된다. 웹사이트 콘텐츠에 포함된 각각의 개념에 대해서 용어가 한 개씩만 쓰인다면, 자동으로 콘텐츠 요소들 간의 관계를 정의할 수 있는 것이다. 메타데이터에 일관적으로 같은 용어를 사용하면, 별다른 작업을 하지 않아도 같은 주제에 대한 페이지들을 동적으로 서로 연결할 수 있다.

게다가, 메타데이터를 잘 만들어 두면 웹사이트에서 사용자가 정보를 검색할 때 문서 전체를 검색하는 기초적인 방식보다 더 빠르고 정확하게 원하는 정보를 찾을 수 있다. 검색 엔진은 강력하지만, 대개는 아주 단순하기 짝이 없는 방법으로 동작한다. 검색할 문구를 주면, 그냥 자료들 속에서 정확히 그 문구와 같은 부분을 찾는 것이다. 그게 무슨 뜻인지는 전혀 이해하지 못한다.

웹사이트에 들어갈 검색 엔진을 용어집과 연동하고 콘텐츠에 메타데이터를 포함시키면, 검색 엔진을 보다 똑똑하게 만들 수 있다. 검색 엔진은 검색어로 등록되지 않은 단어가 입력되었을 때 용어집을 통해서 그 단어와 연관된 검색어를 찾아 메타데이터를 조회한다. 사용자에게 아무런 검색 결과도 내놓지 않는 대신 입력된 내용과 연관성이 높은 결과를 제시하고, 심지어 사용자가 관심 있을 법한 다른 관련 주제를 추천해 줄 수도 있다.

| 팀 역할과 업무 절차

웹사이트의 구조를 설명하는 데 필요한 문서는 프로젝트의 복잡도에 따라서, 전문 용어와 메타데이터 같은 세부 사항에서부터 정보 구조와 인터랙션 디자인 전체에 이르기까지 매우 다양한 형식이 될 수 있다. 계층 구조에 수많은 콘텐츠를 포함한 프로젝트의 경우에는 그 구조를 단순히 글로 나열하는 식으로 문서화하는 게 효율적인 방법일 수 있고, 경우에 따라 복잡한 구조의 미묘한 의미를 기술하기 위해 스프레드시트나 데이터베이스 같은 도구를 써야 할 때도 있다.

그러나 정보 구조 설계나 인터랙션 디자인에 쓰이는 주요 문서 작업 도구는 도식diagram이다. 정보 구조를 시각적으로 표현하는 것은 웹사이트의 구성 요소 사이의 상관관계, 그룹관계, 상호관계를 설명하는데 있어서 가장 효과적인 방법이다. 웹사이트의 구조는 본질적으로 복잡하기 마련이며, 그 복잡함을 글로 전달하려고 한다면 분명히 아무도 읽지 않을 것이다.

웹 초창기에는 이런 종류의 도식을 사이트 맵site map이라고 불렀다. 그렇지만 웹사이트를 돌아다니는 데 쓰는 장치(6장에서 더 자세히 다룬다) 중 하나도 사이트 맵이라는 용어로 불렸기 때문에, 웹사이트의 구조를 설명하기 위한 도구는 실무자들 사이에서 웹사이트 구조도architecture diagram라는 용어로 더 자주 불리고 있다.

웹사이트의 모든 페이지와 모든 링크를 이 구조도 안에 담을 필요는 없다. 사실 대부분의 경우 그 정도의 세부 사항은 팀에 진짜 필요한 정보를 가리고 혼란스럽게 할 뿐이다. 어떤 분류들을 한데 모으고 어떤 분류들은 따로 다뤄야 할지, 어떤 인터랙션 과정에서 각 단계는 어떻게 연결되고 있는지 등과 같은 개념적인 관련성을 문서화하는 게 더 중요하다.

처음 이 일을 시작했을 때, 프로젝트를 수행할 때마다 기본적인 인터랙션 구조 하나를 몇 번이나 반복해서 설명하게 된다는 것을 발견했다. 경험이 쌓이면서 웹사이트 구조도를 통해 내 생각을 표현하는 방법을 표준화하기 시작했고, 내가 사용하는 도형들을 몇 가지로 정의하게 됐다.

웹사이트의 구조를 표현하기 위해서 사용한 도식 체계는 시각어휘 목록visual vocabulary이라고 불린다. 이 자료를 웹에 올린 지난 2000년 이래로, 전 세계의 정보 구조 설계사와 인터랙션 디자이너들이 그 내용을 업무에 적용해 왔다. 시각어휘 목록에 대해서 더 자세히 알아보고 싶다면 내 웹사이트에서 구조도의 예제를 찾아보고 다른 웹사이트에 쓸 수 있는 도구를 다운로드 받으면 된다(www.jjg.net/ia/visvocab).

이런 정보 구조에 대한 문제를 전담하는 사용자 경험 디자이너를 채용하는 회사도 많지만, 다른 회사에서는 그런 의식적인 계획 없이 임의의 사람에게 그 책임이 할당되기도 한다. 그렇게 정보 구조를 전담하게 되는 사람은 그 조직의 문화나 프로젝트의 성격에 따라 달라진다.

콘텐츠가 큰 비중을 차지하면서 웹을 마케팅 활동의 무대로 보는 웹사이트나 조직에서는 콘텐츠 개발, 편집, 마케팅 커뮤니케이션 부서 등에서 웹사이트의 구조를 결정하는 업무를 전담하게 된다. 오랫동안 기술 인력에 의해서

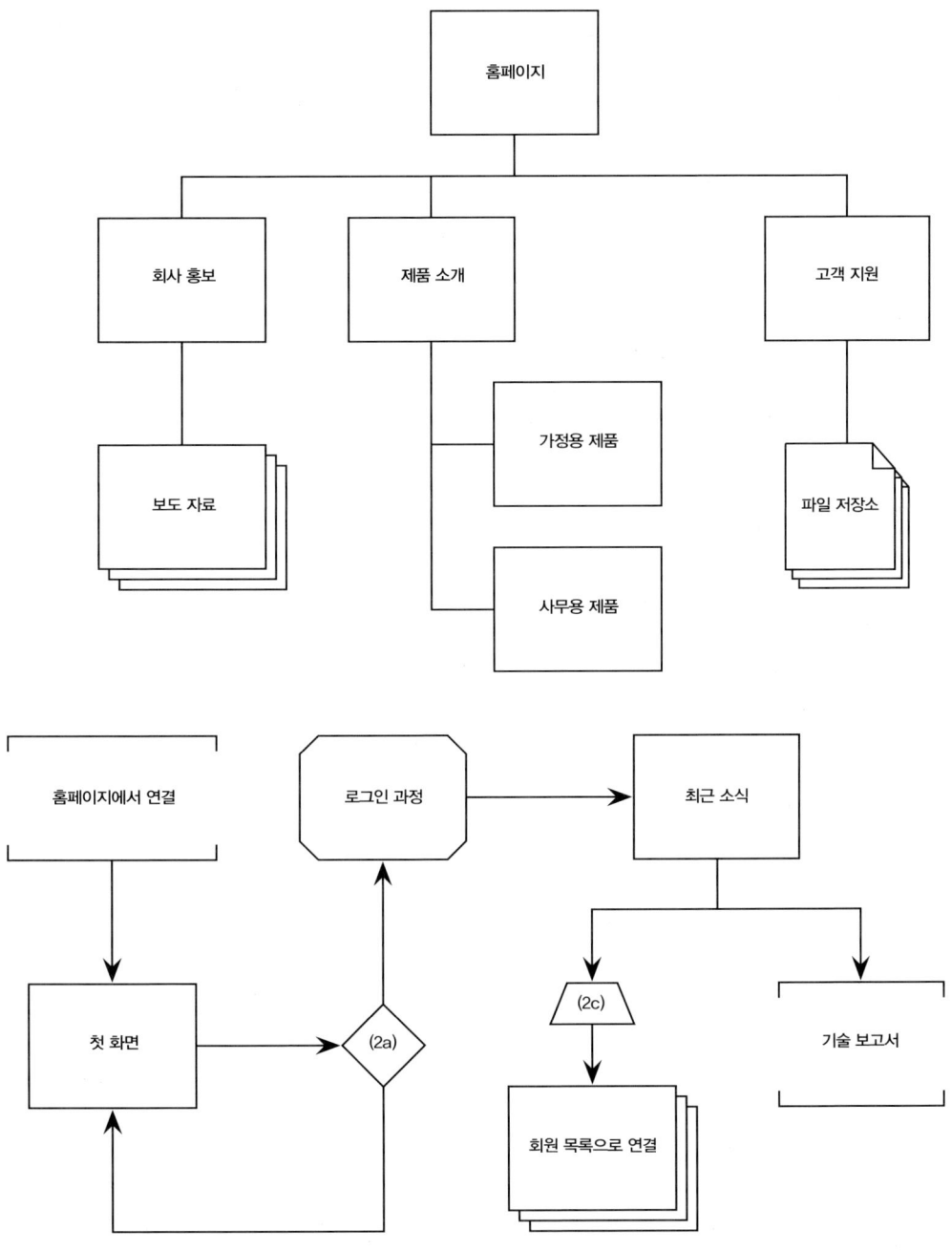

| 시각어휘 목록은 매우 단순한 경우(그림 위)부터 복잡한 경우(그림 아래)에 이르기까지 그 구조를 도식화하는 데 쓸 수 있는 체계다. 더욱 자세한 내용은 다음 웹사이트를 참조하면 된다. www.jjg.net/ia/visvocab/ |

운영되어 왔거나, 기술 중심의 조직문화를 가지고 있는 조직의 경우에는 그 프로젝트에 참여하고 있는 기술 부문 프로젝트 관리자가 웹사이트의 구조를 결정하는 업무를 담당하게 된다.

무슨 프로젝트든 정보 구조 문제를 전담하는 전문가가 있으면 도움이 된다. 이런 직책을 인터랙션 디자이너interaction designer 라고 부르는 경우도 있지만, 정보 설계사information architect라는 호칭을 선호하는 사람도 있다. 그래도 그 직책 이름 때문에 혼란스러워 할 필요는 없다. 정보 설계사가 콘텐츠 웹사이트의 구조 계획과 내비게이션 설계에 특화된 경우는 있지만, 대개의 경우 정보 설계사는 인터랙션 디자인 문제에 대한 경험도 어느 정도 갖고 있기 마련이고 그 반대의 경우도 마찬가지다. 정보 구조 설계와 인터랙션 디자인 문제는 직접적으로 연관되어 있을 때가 많기 때문에, 그와 관련된 업무 능력을 갖고 있는 사람들을 통틀어 사용자 경험 디자이너라고 부르게 되었다.

회사에서 진행 중인 관련 업무의 양이 많지 않아 사용자 경험 디자이너를 정규 채용하기 곤란할 수도 있다. 웹 개발 업무가 보유하고 있는 콘텐츠를 갱신하는 일 뿐이고 몇 년에 한 번 전반적인 웹사이트 개편 프로젝트 외에는 새로 개발을 하는 일이 거의 없다면, 사용자 경험 디자이너를 직원으로 두는 게 비효율적일 수도 있다. 하지만 새로운 콘텐츠와 기능이 꾸준히 웹사이트에 추가되고 있다면, 사용자 경험 디자이너는 그 과정을 통해서 사용자의 요구와 조직의 전략 목표를 효과적으로 충족시키는 데 도움이 될 수 있다.

중요한 것은 그런 문제를 다루는 담당자가 있다는 사실이고, 그 사람이 구조적 문제를 다루는 전문가인지 아닌지는 중요하지 않다. 사전에 계획이 있었는지 여부와 상관없이, 웹사이트에는 구조가 생기기 마련이다. 명확한 구조 계획에 따라 웹사이트를 구축하면 수시로 정비해야 할 필요가 줄고, 운영자에게 확실한 결과를 만들어 주며, 사용자의 요구를 제대로 충족시켜 주는 경향이 있다.

골격층

6

인터페이스 디자인, 내비게이션 디자인, 정보 디자인

전략 목표로부터 도출된 수많은 요구사항들은

개념적 구조를 통해서 형태를 갖추기 시작한다.

골격층에서는 그런 무형의 구조를 구체적으로 만들어 주는

인터페이스, 내비게이션, 정보 디자인의 특질을 규정함으로써,

그 구조를 정제하게 된다.

┃골격의 정의

앞 장에서 다룬 구조층은 웹사이트의 동작 방식을 정의하며, 골격층은 그 기능이 어떤 형태를 보이게 될지를 정의한다. 골격층에서는 기능이 구체적으로 화면에 어떻게 표시될 것인가 하는 문제 외에, 더욱 정제된 수준의 세부 사항에 대한 주제도 다루게 된다. 구조층에서 정보 구조와 인터랙션에 대한 큰 그림을 검토했다면, 골격층에서는 그보다 세부적인 수준에서 개별적인 구성 요소와 그들 간의 관계에 주로 관심을 둔다.

기능으로서의 제품 관점에서 볼 때, 골격을 정의하는 것은 인터페이스 디자인interface design이다. 이 분야는 버튼이나 입력 상자 같은 인터페이스 요소

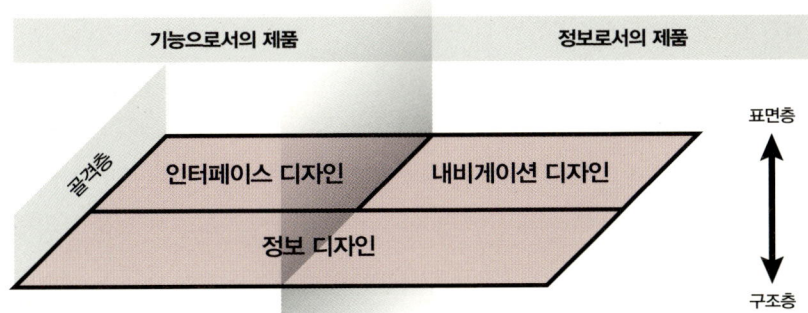

들로 이루어진 익숙한 영역이다. 한편, 정보로서의 제품은 그 나름의 다른 문제들을 갖고 있다. 내비게이션 디자인navigation design은 정보 공간을 제시하는 데 초점을 맞추는 인터페이스 디자인의 특수한 형태이다. 끝으로 정보 디자인information design은, 두 영역 모두에 걸쳐 효율적인 의사 전달을 위해서 정보를 표현하는 방법이다.

위의 세 가지 요소는 이 책에서 다루고 있는 다른 어떤 요소들보다도 서로 밀접하게 묶여 있다. 내비게이션 디자인의 문제가 정보 디자인의 문제와 뒤섞여 있는 상황이라든지, 정보 디자인과 관련된 문제를 해결하는 과정에서 인터페이스 디자인을 다루게 되는 일도 흔한 일이다.

서로에 대한 구분이 때로 명확하지 않더라도, 이들 각각을 별개의 관심 영역으로 구분하면 제시된 해법이 올바른 것인지를 평가하는 데 도움이 된다. 내비게이션 디자인을 잘한다고 해서 정보 디자인이 잘못되어 있는 것을 바로 잡을 수는 없다. 당면한 문제의 종류를 구분할 수 없다면, 그 문제를 풀었는지 아닌지도 알 수가 없는 법이다.

사용자가 어떤 행동을 할 수 있느냐에 대한 문제라면, 인터페이스 디자인의 영역이다. 요구사항에 정의되고 인터랙션 디자인을 통해 구성된 기능을 사용자가 실제로 접하게 되는 수단이 인터페이스다.

사용자가 여기저기로 돌아다닐 수 있도록 해주는 것과 관련이 있다면, 내비게이션 디자인의 영역이다. 정보 구조를 설계함으로써 개발한 콘텐츠 요구사항에 어떤 구조가 생겼다면, 내비게이션 디자인은 사용자가 그 구조를 볼 수 있는 안경이자 그 구조를 따라 돌아다닐 수 있게 해주는 수단이기도 하다.

사용자에게 어떤 개념을 전달하는 것에 대한 문제라면, 정보 디자인의 영역이다. 이 개념은 골격층의 세 요소 중 가장 넓은 범위를 차지하며, 어쩌면 기능 제품과 정보 제품 둘 다에 걸쳐 지금까지 이 책에서 다룬 거의 모든 측면을 포괄할 수도 있는 영역이다. 제대로 된 정보 디자인이 받쳐 주지 않는다면 인터페이스 디자인도 내비게이션 디자인도 성공적으로 설계될 수 없으므로, 정보 디자인은 과업 중심의 기능적 시스템과 정보 중심의 시스템 사이의 경계를 넘나드는 개념이 된다.

Ⅰ 관습과 은유

우리가 세상과 주고받는 상호작용은 많은 경우 습관과 조건반사를 기초로 하고 있다. 사실 그 많은 일을 반사적으로 해치우지 않는다면 우리가 매일 할 수 있는 일은 훨씬 적어질 것이다. 자동차 운전이 언제나 처음 운전대를 잡은 그 순간만큼 어려운 채로 유지된다면 어떨까? 운전이나 요리는 물론 휴대폰을 사용하는 행동에 엄청난 집중력을 쏟아 부어 기진맥진해지지 않으면서 수행할 수 있는 것은, 수많은 자잘한 조건반사 덕택이다.

관습은 다른 환경에서도 그러한 조건반사를 적용할 수 있게 해준다. 예전에 내가 갖고 있던 자동차는 내 친구 중 아무도 쉽게 운전할 수가 없었다. 사람들은 그 차의 시동을 건 다음 제일 먼저 와이퍼를 동작시키곤 했는데, 그건 앞유리가 더럽다고 생각해서가 아니라 (사실 그렇기도 했겠지만) 전조등을 켜려고 했기 때문이었다. 내 차에 달린 조작 장치들은 사람들이 익숙해져 있던 관습과 달랐던 것이다.

전화기도 관습의 중요성에 관한 좋은 사례가 된다. 전화기 버튼의 표준이라고 할 수 있는 3×4 배치를 실험적으로 버튼 6개를 2줄로 배치하거나 4×3 배치 등으로 바꾸려고 한 제조업체가 종종 있었다. 숫자를 원형으로 배치하는 경우가 아직도 가끔 보이긴 하지만, 기술의 발전과 함께 그런 배치의 근원이 되는 다이얼 방식의 전화기가 잊혀지면서 점점 더 드물어지고 있다.

이런 배치 방식에 따른 차이는 그다지 크지 않을 것 같지만, 사실은 그 차이는 상당히 크다. 사용자가 표준을 따르지 않는 전화기에서 무슨 버튼을 눌러야 하는지 고민하느라 보내는 시간을 측정한다면, 한 통화에 3초 정도는 될 것이다. 대단해 보이지는 않을지 몰라도 사용자에게 그 3초는 단순한 시간 낭비가 아니다. 관습이라는 양탄자를 발아래에서 당겨 버렸다는 이유만으로 반사적으로 행하던 작업이 끔찍하게 오래 걸리는 그 3초는, 사용자에겐 순전히 좌절로 가득 찬 경험이 된다.

사실 전화기 버튼의 3×4 배치는 워낙 깊이 파고든 관습으로, 전자레인지나 리모컨같이 전화기와는 아무 상관 없는 다른 기기에서도 표준으로 자리

잡았다. 흥미로운 점은 이 분야에서 표준으로 받아들여진 게 전화기 버튼뿐만은 아니라는 것이다. 오래된 금전 등록기에서 쓰인 3×4 버튼('10-key') 배치는 전화기의 배치에서 숫자들의 순서를 반대로 한 것으로 계산기, 키보드, 현금자동입출기, 그리고 재고 관리 시스템처럼 특수 목적의 자료 입력 서비스에서 쓰이고 있다. 이 두 가지 표준이 모두 3×4 배치를 쓰기 때문에 사람들은 어떤 경우든 비교적 쉽게 적응할 수 있지만, 역시 최선의 해법은 표준이 딱 한 가지만 존재하는 경우일 것이다.

그렇다고 무작정 관습을 따르는 것이 모든 인터페이스 문제에 대한 해답이라고 하는 건 아니다. 단지 관습에서 벗어나는 것에 대해서 충분히 조심하고, 새로 제시된 방식이 확실한 장점을 갖고 있는 경우에만 그렇게 해야 한다. 성공적인 사용자 경험을 만들려면, 디자인 과정에서 내리는 모든 결정에 대해서 그 근거가 명확히 정의되어 있어야 한다.

인터페이스를 디자인할 때, 대상 사용자들이 이미 익숙하게 쓰고 있는 기존의 인터페이스와 일관되게 만드는 게 중요하다. 하지만 그보다 더 중요한 것은 그 인터페이스가 내부적으로도 일관되어야 한다는 점이다. 제품의 기능들에 대한 개념 모델은 내부적인 일관성을 유지하는 데 도움이 될 수 있다.

• 전화기에서 유래된 3×4 버튼 배치(좌)와 계산기에서 유래된 3×4 버튼('10-key') 배치(우)

1	2	3
4	5	6
7	8	9
*	0	#

7	8	9
4	5	6
1	2	3
	0	

동일한 개념 모델을 갖고 만들어진 기능들은 아마 비슷한 인터페이스 요구 사항을 갖게 될 것이다. 그렇게 같은 관습을 따르는 기능들은 사용자가 한 가지 기능에 익숙해졌을 때 다른 기능도 빨리 익힐 수 있도록 해준다.

기능에 대한 개념 모델이 서로 다른 경우라고 할지라도, 그 다양한 개념 모델들에 공통적으로 적용되는 표상은 어떤 기능과 함께 나타나든지 간에 동일하거나 최소한 비슷한 방식으로 다뤄져야 한다. '시작', '완료', '뒤로가기', '저장' 같은 표상은 다양한 맥락에서 나올 수 있다. 이런 표상을 시스템 전반에 걸쳐 일관된 방식으로 적용하면 사용자가 어떤 기능을 쓰면서 학습한 내용을 다른 기능들에 적용할 수 있으며, 원하는 작업을 빨리 수행하면서도 실수를 줄일 수 있다.

인터랙션 디자인의 기반이 되는 개념 모델을 너무 말 그대로 받아들이면 안 되듯이, 구체적인 은유적 개념을 중심으로 제품을 구성하고자 하는 충동 역시 자제해야 한다. 제품의 기능들에 은유를 사용하면 매력적이고 재미있어지지만, 기대와 달리 그런 접근이 실제로 성공하는 경우는 거의 없다. 사실상 그런 식의 성공 사례는 아예 없다고 할 수 있다.

어떤 기능에 대한 인터페이스 디자인의 패턴을 실제 물건의 인터페이스에서 차용하고 싶을 때도 있을 것이다. 5장에서 소개한 온라인 잡지 슬레이트 Slate에서 페이지를 '넘기는' 내비게이션 방식을 실세계의 진짜 잡지처럼 구현한 것을 떠올려 보자. 세상에 존재하는 대부분의 인터페이스와 내비게이션 방식은 물리적 원리나 재질의 특성과 같은 실세계의 제약에 따라 나온 것이다. 그런 종류의 제약은 웹사이트, 소프트웨어 등 화면 기반의 제품에는 거의 적용되지 않는다.

웹사이트의 기능을 사람들이 실세계에서 겪은 경험으로 비유해서 제시하면 사람들이 처음 그 기능을 이해하는 데 도움이 되리라고 생각할 수도 있다. 하지만 그런 식의 접근은 보통 그 기능의 특성을 드러내기보다 감추기 마련이다. 그 기능과 은유적인 표현 사이의 연관성이 디자이너에게는 명확해 보일지 몰라도, 이는 나중에 사용자가 적용할 수 있는 수많은 연관성에 비하면 하나의 사례에 지나지 않는다. 특히 사용자의 문화적 배경이 디자이너와 다를 경우에는 이 문제가 극명해진다. 작은 전화기 그림은 도대체 무슨 뜻일까? 전화를 걸게 해주는 기능일까? 음성 사서함을 확인할 수 있게 해주는 기능일까? 전화 요금을 지불하는 기능일까?

물론 웹사이트에 담긴 내용이 충분한 맥락을 제공하여 사용자가 제시된 은유를 원래 의도한 대로 잘 추측할 수 있도록 할 수도 있다. 하지만 제공하는 콘텐츠와 기능이 다양할수록 그런 추측은 점점 더 불안해진다. 그리고 많든 적든 사용자 중 일부는 언제나 그 의도를 잘못 이해하기 마련이다. 그런 추측의 필요성을 아예 없애 버리는 것이 더욱 간편하고 나은 방법이 될 것이다.

은유를 적용했을 때 효과적인 경우는 사실 사용자가 제품의 기능을 사용할 때 겪을 인지적 부담을 줄이는 데에 국한된다. 전화번호부 모양의 아이콘으로 진짜 전화번호 목록을 표현한다면 괜찮겠지만, 채팅 기능을 표현하기 위해서 커피숍의 그림을 사용한다면 조금 곤란하다.

| 인터페이스 디자인

인터페이스 디자인은 사용자가 원하는 작업에 부합하는 인터페이스 요소들을 골라서 바로 이해하고 쉽게 쓸 수 있도록 화면에 잘 배치하는 일이다. 사용자의 작업은 여러 개의 화면을 거쳐 이루어지는 경우가 많으며, 따라서 사용자가 다루게 될 인터페이스 요소들도 각각의 화면에 따라 배치하게 된다. 어떤 기능이 어떤 화면에 들어가게 될지는 구조층에서 인터랙션 디자인이 다루는 문제고, 그런 기능들을 화면에 어떻게 구현할지에 대한 일이 인터페이스 디자인 영역이다.

성공적인 인터페이스는 사용자들이 중요한 항목들을 바로 알아챌 수 있게 해야 한다. 반면에 중요하지 않은 항목들은 드러나지 말아야 하며, 어떤 경우엔 아예 포함하지 않는 수도 있다. 복잡한 시스템에 사용할 인터페이스를 디자인할 때 가장 어려운 부분은, 사용자가 다루지 않아도 될 부분을 파악하고 그런 부분을 눈에 띄지 않도록 (아니면 아예 시스템에 들어가지 않도록) 만드는 일이다.

이런 식의 사고방식은 프로그래밍을 하던 사람들에게는 기존에 알고 있던 관점과 많이 다르기 때문에, 적응하려면 다소 노력이 필요할 수도 있다. 프로그래밍을 잘하려면 거의 일어날 것 같지 않은 상황(프로그래밍 용어로는 '극단 사례 edge case'라고 한다)까지도 고려해야 한다. 프로그래머에게 있어서 궁극적인 목표는 결국 절대로 망가지지 않는 소프트웨어를 만드는 일이며, 극단적 사례들을 고려하지 않고 진행된 소프트웨어는 어떤 극한의 조건이 생겼을 때 주어진 작업을 수행해 내지 못할 수 있다. 이런 이유로 프로그래머들은 각각의 사례가 사용자 한 명을 대표하든 천 명을 대표하든, 모두 동일한 비중으로 다루는 훈련을 받는다.

인터페이스 디자인에서는 그런 접근이 통하지 않는다. 소수의 극단적인 사례와 대다수 사용자의 요구를 동등한 비중으로 취급하는 인터페이스는, 결국 두 부류의 사용자 중 어느 쪽도 행복하게 만들 수 없다. 사용자 대다수가 취하는 일련의 행동을 파악하고 그 행동들에 대응하는 인터페이스 요소들에 가장 접근하고 사용하기 쉽게 만들어 놓은 인터페이스가 잘 설계된 인터페이스이다.

그렇다고 사용자가 누를 확률이 가장 높은 버튼을 가장 크게 만들면 모든 인터페이스 문제를 해결할 수 있다는 것은 아니다. 인터페이스 디자인은 사용자가 자신이 원하는 목표를 향해 쉽게 다가갈 수 있게 해주는 다양한 비법을 갖고 있다. 인터페이스가 처음 사용자에게 제시될 때 어떤 옵션을 디폴트로 선택할지를 생각하는 것은 그중 단순한 비법에 속한다. 사용자의 작업과 목표를 이해했을 때 사용자 대부분이 단순한 형식의 검색 결과보다 세부적인 목록을 선호한다는 생각이 들면, '세부 내용 보기' 항목을 디폴트로 선택함으로써 대다수 사람들이 시간을 들여 그 항목을 읽고 자신에게 맞는 조건을 직접 선택하지 않아도 자동으로 맘에 드는 결과를 보게 할 수 있다. 사용자가 지난번에 선택한 내용을 시스템이 기억한다면 더욱 좋겠지만, 그런 방식은 겉으로 보이는 것보다 많은 기술적 노력이 필요하며 그로 인해 개발팀에 따라 제대로 구현하기 어려운 경우도 있다.

기술을 적용하기 위한 도구와 기반 체계는 적용할 수 있는 인터페이스의 종류를 제약하기 마련이다. 이는 나쁘기도 좋기도 한 일이다. 혁신의 기회를 제한한다는 점에서는 나쁜 일이다. 어떤 기술로는 실현할 수 있는 인터페이스가 다른 기술로는 불가능한 경우도 있는 것이다. 하지만 이 상황은 동시에 좋은 일이기도 한데, 사용자가 일단 제한된 몇 가지 표준 조작 방식들을 어떻게 쓰는지 배우고 나면 그 지식을 광범위한 제품에 걸쳐 적용할 수 있기 때문이다.

인터페이스에 대한 관습은 변하지 않는 것처럼 보이지만, 사실은 매우 천천히 변화하고 있다. 새로운 기술을 도입하면 기존의 관습을 재검토하거나 새로운 관습을 소개해야 할 필요가 생기며, 사용자 경험 디자이너는 끊임없이 동작 명령이나 터치스크린 같은 기술에 맞는 새로운 관습을 찾고 있다. 수많은 화면 중심의 제품에서 공통으로 볼 수 있는 대부분의 표준 조작 방식은 데스크톱 컴퓨터의 운영체제인 Mac OS나 Windows로부터 나왔다. 이런 운영체제에서는 다음과 같은 몇 가지 표준 인터페이스 요소를 제공한다.

체크박스checkbox는 사용자가 각각의 항목을 독립적으로 선택하게 해준다.

☐ 체크박스는 서로 독립적이다.
☑ 따라서 여러 개를 한꺼번에 쓸 수도 있지만,
☐ 하나만 따로 쓸 수도 있다.

라디오 버튼radio button은 사용자가 여러 개의 배타적인 선택 항목 중에서 하나를 고르게 해준다.

○ 라디오 버튼은
○ 여러 개가 함께 사용되며
○ 그중 하나를 클릭함으로써
◉ 상호 배타적인 선택을 할 수 있다

입력 상자text field는 사용자가 문자를 입력할 수 있게 해주는 요소다.

문자 입력 상자는 문자를 입력할 수 있게 해준다.

드롭다운 목록dropdown list은 라디오 버튼과 동일한 기능을 제공해 주지만, 더 작은 공간을 차지하므로 훨씬 더 많은 항목을 효율적으로 제시할 수 있다.

드롭다운 목록은 라디오 버튼과 비슷한 역할을 한다.

목록 선택 상자list box는 체크박스와 동일한 기능을 제공해 주지만, 목록을 스크롤할 수 있으므로 더 작은 공간에도 사용할 수 있다. 드롭다운 목록과 마찬가지로, 이런 특성은 목록 선택 상자가 많은 수의 항목을 쉽게 보여 줄 수 있게 해준다.

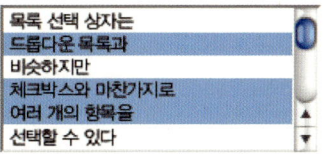

동작 버튼action button에는 다양한 기능을 부여할 수 있다. 동작 버튼은 일반적으로 사용자가 다른 인터페이스 요소를 통해서 입력한 모든 정보를 시스템으로 보내고 그 정보를 이용한 기능을 수행하도록 한다.

버튼을 누르면 동작을 수행한다.

사용하는 기술에 따라서, 디자이너가 기본적으로 제공되는 구성요소만을 쓰는 게 아니라 훨씬 더 자유로운 방식으로 사용자와 상호작용하도록 만들 수 있는 경우도 있다. 결국 그런 인터페이스는 디자인 과정에서 훨씬 더 많은 선

| 드롭다운 목록은 중요한 선택 항목을 사용자에게 보이지 않게 감춤으로써 방해가 될 수 있다. (오른쪽) 라디오 버튼은 선택할 수 있는 항목들을 모두 표시할 수 있는 장점이 있지만, 인터페이스에 더 많은 공간을 차지한다 |

택이 필요하게 되며, 제대로 만들기가 어려워지는 경향이 있다.

다양한 인터페이스 요소들을 가지고 그중 적용할 것을 선별하다보면 어쩔 수 없이 일종의 흥정을 해야 한다. 물론 드롭다운 목록을 쓰면 라디오 버튼을 쓰는 것에 비해 화면상의 공간을 좀 절약할 수 있겠지만, 사용자는 어떤 항목을 선택할 수 있는지를 보지 못하게 된다. 검색하고 싶은 대상 영역들을 키보드로 직접 입력하게 하면 데이터베이스의 부하는 줄겠지만, 사용자에게는 더 많은 부담을 주게 된다. 만일 여섯 개 정도의 항목 중 선택하는 경우라면, 체크박스를 적용하는 게 나을 것이다.

| 내비게이션 디자인

웹사이트의 내비게이션을 디자인하는 것은 단순한 일처럼 보인다. 사용자들이 웹사이트 이곳저곳을 다닐 수 있는 링크를 모든 페이지에 배치하면 되는 것이다. 하지만 일단 작업을 시작하면, 내비게이션 디자인이 얼마나 복잡한 일인지가 보이기 시작한다. 어떤 웹사이트에서든, 내비게이션 디자인은 다음 세 가지 목표를 동시에 성취해야 한다.

- 첫째, 내비게이션 디자인은 사용자에게 웹사이트의 한 장소에서 다른 장소로 갈 수 있는 방법을 제공해야 한다. 모든 페이지에 다른 페이지들로 갈 수 있는 링크를 모두 넣는 것은 보통 현실적으로 어렵기 때문에 (가능한

경우라고 할지라도, 일반적으로 좋은 방법은 아니다), 실제 사용자의 행동을 도와줄 수 있는 내비게이션 요소를 선별해야 한다. 그리고 당연한 말이지만, 그 링크들은 실제로 동작해야 한다.

- 둘째, 내비게이션 디자인은 그 안에 포함된 요소들 사이의 관계를 전달해야 한다. 링크를 나열하는 것만으로는 부족하다. 그 링크들이 서로 어떻게 연관되는가? 그중에서 더 중요하고 덜 중요한 링크가 있는가? 그들 사이에는 어떤 의미 있는 차이가 있는가? 사용자가 주어진 선택을 이해하려면 이러한 내용들이 전달되어 있어야 한다.

- 셋째, 내비게이션 디자인은 그 내용이 사용자가 보고 있는 페이지와 어떤 관계인지를 알려 줘야 한다. 이 내용 중에서 내가 지금 보고 있는 것과 관련이 있는 항목이 있는가? 그런 의문에 응답함으로써 사용자는 원하는 작업이나 목표를 위해서 주어진 선택 중 어떤 것이 최선인지를 이해할 수 있다.

이 세 가지 고려사항은 정보 중심의 제품이 아니거나 아예 웹사이트도 아닌 경우에도 적용된다. 제공할 기능이 모두 인터페이스 하나에 들어갈 수 있는 상황이 아니라면, 사용자가 돌아다닐 수 있도록 해주는 내비게이션이 필요하게 된다. 물리적인 공간에서는 사람들이 어느 정도 방향 감각을 갖고 길을 찾을 수 있다(물론 그런 감각이 전혀 없어 보이는 사람들도 있지만). 하지만 물리적 세상에서 '어디 보자. 내가 들어온 입구가 왼편으로 뒤쪽에 있는 것 같은데.' 등의 생각을 통해서 길을 찾는 데 도움이 되는 우리 두뇌도, 정보 공간에서 길을 찾는 데에는 전혀 쓸모가 없다.

그렇기 때문에 웹사이트의 모든 페이지에서는 지금 어디에 있으며 어디로 갈 수 있는지를 사용자에게 명확하게 알려 줘야 한다. 정보 공간에서 사용자가 얼마나 길을 잘 찾아갈 수 있느냐는 논란의 대상이다. 어떤 사람들은 사용자가 웹사이트를 방문할 때 마치 전자 상가나 도서관을 방문할 때처럼 머릿

속에 작은 지도를 만든다는 개념을 강력히 주장한다. 다른 사람들은 사용자가 웹사이트를 돌아다니면서, 마치 자신이 뭘 클릭했는지를 점차 잊어버리기라도 하는 것처럼 눈앞에 제시된 길 찾기 단서에 거의 전적으로 의지한다고 주장한다.

사람들이 웹사이트의 구조를 얼마나, 또 어떻게 머릿속에 넣고 있는지를 알아내는 것은 어려운 일이다. 그런 상황에서 제일 나은 방법은 사용자들이 각 페이지를 이동할 때 아무런 지식도 보관하지 못한다고 가정하는 것이다 (이러니 저러니 해도, 당신의 웹사이트에 실린 내용을 구글 같은 범용 검색 엔진을 통해 방문하는 경우에는 어느 페이지든 그 웹사이트로 들어가는 첫 페이지가 될 수 있다).

대부분의 웹사이트는 실질적으로 여러 개의 내비게이션 체계를 제공하며, 각각의 방식은 서로 다른 상황에서 사용자가 그 웹사이트를 잘 돌아다닐 수 있게 해주는 역할을 담당한다. 실무에서는 다음과 같은 몇 가지 일반적인 내비게이션 체계가 자주 사용된다.

글로벌 내비게이션global navigation 은 웹사이트 전체에 걸쳐 광범위하게 접근할 수 있게 해준다. 여기서 '글로벌(전반적)'이라는 말은 이 내비게이션이 꼭 모든 페이지에 나타나야 한다는 의미는 아니다(사실 그러는 것도 나쁜 생각은 아니지만).* 그 대신 글로벌 내비게이션은 사용자가 웹사이트의 한쪽 끝에서 다른 쪽 끝으로 갈 때 필요한 핵심 창구를 제공해 준다. 웹사이트의 중요한 부분으로 가는 모든 링크가 모여 있는 내비게이션 메뉴는 글로벌 네이게이션의 전형적인 사례다. 글로벌 내비게이션을 이용하면 가고 싶은 곳이 어디든 (결국은) 도달할 수 있다.

로컬 내비게이션local navigation 은 사용자가 웹사이트 구조상에서 '가까운' 위치로 접근할 수 있게 해준다. 계층 구조가 엄격하게 적용된 경우라면, 로컬 내비게이션은 어떤 페이지에서 그 상위 페이지(부모), 하위 페이지(자식), 동기 페이지(형제)로 접근할 수 있는 경로를 제공해 주게 된다. 사용자의 웹사이트의

* 이 책에서는 웹사이트 전체에 걸쳐 나타나는 내비게이션 요소를 가리켜 '반복적persistent'이라는 용어를 쓴다. 마찬가지로 반복적인 내비게이션 요소가 꼭 전반적 내비게이션에 해당하는 것은 아니라는 점을 기억하자.

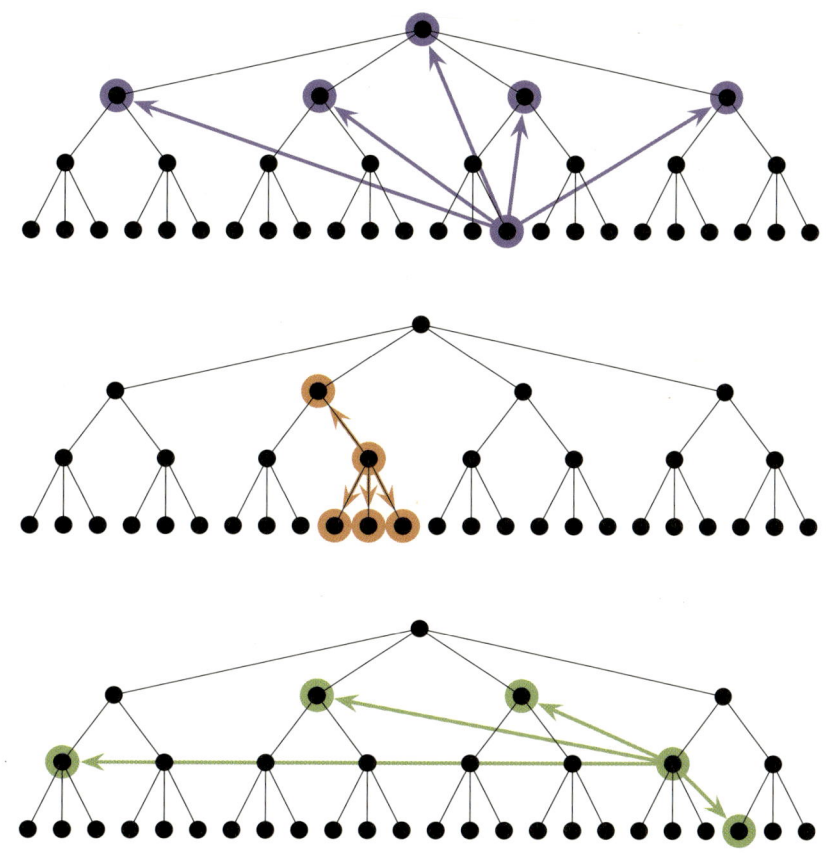

| 글로벌 내비게이션(위), 로컬 내비게이션(가운데), 부가적 내비게이션(아래) |

콘텐츠에 대해서 갖고 있는 생각을 그 웹사이트의 구조가 잘 반영하고 있다면, 많은 경우 로컬 내비게이션은 다른 내비게이션 방식보다 더 자주 사용된다.

부가적 내비게이션supplementary navigation 은 글로벌 내비게이션이나 로컬 내비게이션으로는 바로 접근할 수 없지만, 관련이 있는 콘텐츠로 가는 경로를 제공해준다. 이 유형의 내비게이션은 웹사이트의 계층 구조를 유지하면서도, 사용자가 처음부터 다시 시작하지 않고도 다른 측면으로 콘텐츠를 탐색하게 해주는 주제면 중심 분류 체계faceted classification 의 장점을 제공해준다.

맥락적 내비게이션contextual navigation은 내포된 내비게이션inline navigation이라고도 불리며, 페이지의 콘텐츠 자체에 삽입된다. 이 유형의 내비게이션의 사례로는 페이지에 들어 있는 문구에 적용된 링크를 들 수 있는데, 이는 제대로 활용되지 못하거나 잘못 사용된 경우가 많다. 사용자는 웹사이트의 문구를 읽으면서 추가 정보가 필요한지를 정하게 된다. 사용자로 하여금 원하는 내비게이션 요소를 찾기 위해 페이지를 샅샅이 들여다보게 하거나 심지어 검색 엔진으로 달려가게 하는 대신, 관련된 링크를 바로 눈앞에 보여 주는 편이 훨씬 나을 것이다.

사용자와 그들의 요구사항을 저 깊은 곳의 전략층까지 포괄하여 더 잘 이해하면, 맥락적 내비게이션을 보다 효율적으로 배치할 수 있다. 맥락적 내비게이션이 사용자의 작업과 목적을 명쾌하게 도와주지 못하고, 원하는 내용과의 연관성이 모호한 링크들이 페이지 속의 문구를 잔뜩 뒤덮고 있다면, 당연히 맥락적 내비게이션은 그저 헝클어져 있는 것처럼 보일 것이다.

편의적 내비게이션courtesy navigation은 사용자가 늘 필요로 하지는 않지만

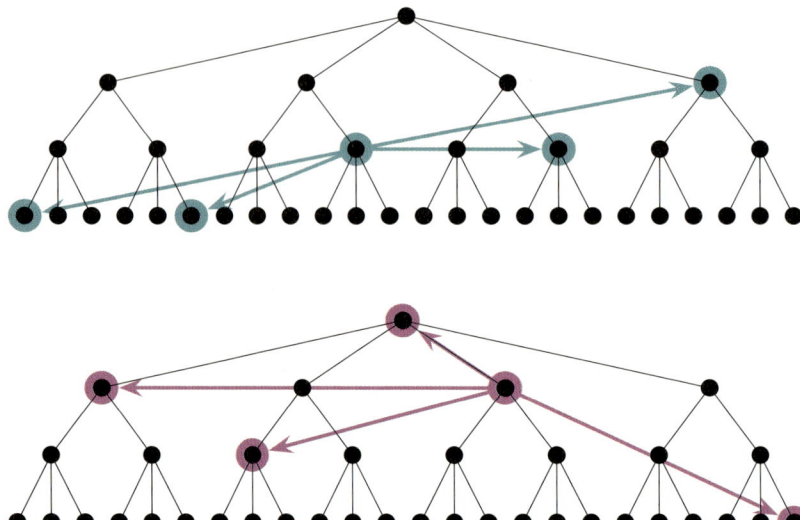

| 맥락적 내비게이션(위), 편의적 내비게이션(아래) |

갖춰 두면 편리한 항목에 대한 접근을 제공한다. 물리적인 세상을 예를 들면, 가게에서는 보통 영업 시간을 입구에 붙여 놓는다. 이 정보는 대부분 손님들에게 있어서 많은 경우 별 도움이 안 된다. 가게가 열려 있는지 아닌지는 그냥 보면 알 수 있다. 하지만 그 정보가 편리한 곳에 준비되어 있다는 사실을 알고 있으면 그 내용이 필요할 때 도움이 된다. 일반적으로 편의적 내비게이션에는 연락처 정보, 고객 의견 전달 창구, 사용 정책을 볼 수 있는 링크가 포함되어 있다.

어떤 내비게이션 장치는 페이지의 구조에 포함되지 않으며, 웹사이트의 내용이나 기능과 상관없이 독립적으로 존재한다. 이런 장치는 사용자가 제공된 다른 내비게이션에서 혼란을 느꼈거나, 웹사이트의 내비게이션을 보자마자 그걸 이해하려고 애쓰지 않는 편이 낫다고 생각했을 때 사용하게 되며, **원격 내비게이션**remote navigation 도구라고 한다.

웹사이트의 전체 구조를 하나의 페이지에 간결하게 표현해서 사용자에게 제시하는 원격 내비게이션 도구가 바로 **사이트 맵**site map이다. 사이트 맵은 보통 웹사이트의 계층 구조에 대한 개략적인 형태로 표현되며, 콘텐츠의 모든 최상위 분류에 속해 있는 개별 항목들을 각각 그 아래에 제공한다. 사이트 맵은 일반적으로 계층 구조에서 두 수준 이상을 보여 주지 않으며, 그 이상은 사용자가 보통 필요한 내용을 넘어선다. (만일 그렇지 않다면 그 웹사이트의 상위 정보 구조에 뭔가 잘못된 것이 있을지도 모른다.)

색인index은 주제를 나열하고 관련된 페이지로 링크해 놓은 것으로, 책의 뒷부분에 실려 있는 '찾아보기'와 매우 비슷하다. 이 유형의 도구는 다양한 주제에 대한 방대한 콘텐츠를 보유하고 있는 웹사이트에 적용되면 매우 효율적이다. 웹사이트의 정보 구조가 잘 설계되어 있고 사이트 맵이 제공된다면 대부분은 아무 문제가 없다. 사이트 맵은 웹사이트의 콘텐츠를 모두 포함하기보다 큰 분류 각각에 대해서 따로 만들어지는 경우도 있다. 이런 방식은 정보에 대한 요구사항이 각기 다른 여러 종류의 사용자를 위해서 웹사이트를 분류해 놓았을 경우에 매우 유용하다.

| 정보 디자인 information design

정보 디자인은 어쩌면 직접 손대기 어려운 영역이지만, 서로 다른 디자인 요소들을 하나로 묶어 주는 접착제 같은 역할을 한다. 정보 디자인은 언제나 사람들이 정보를 보다 쉽게 쓰고 이해할 수 있도록 그 배치 방법을 결정하는 일이다.

정보 디자인은 경우에 따라 시각적이다. 어떤 자료를 보여 주기 위해서 가장 좋은 방법이 방사형 도표인가? 사용자들은 막대형 도표를 더 잘 이해하지 않을까? 쌍안경 모양 아이콘이 웹사이트 검색이라는 뜻을 적절히 전달할까, 아니면 돋보기 아이콘이 더 이해하기 쉬울까?

때로 정보 디자인은 작은 정보들을 서로 묶고 배치하는 작업을 포함한다. 우리는 공통점이 있는 정보들이 특정 방식으로 함께 엮여 있는 모습에 익숙해져서 디자인의 이런 측면을 당연시하는 경우가 많다. 한 가지 사례로 다음 목록을 살펴보자.

- 국가
- 직업
- 전화번호
- 도로명 주소
- 이름
- 우편번호
- 소속
- 도시
- 이메일 주소

위의 목록은 약간 혼란스러워 보이지만, 보통은 다음과 같이 나타난다.

- 이름
- 직업
- 소속
- 도로명 주소
- 도시
- 국가
- 우편번호
- 전화번호
- 이메일 주소

이 배치를 더욱 명료하게 만들 수도 있다.

- 개인 정보
    - 이름
    - 직업
    - 소속
- 주소 정보
    - 도로명 주소
    - 도시
    - 국가
    - 우편번호
- 기타 연락처 정보
    - 전화번호
    - 이메일 주소

위의 사례는 상당히 뻔해 보이지만, 다른 목록은 좀 더 난해할지 모른다.

- 최대 동력
- 회전자 크기
- 연료통 용량
- 변속기 유형
- 평균 회전속도
- 차대 유형
- 최대 출력

물론 핵심은 사용자가 생각하는 방식을 반영하고 그들의 작업과 목표를 지원하도록 정보 요소들을 묶고 배치하는 데에 있다. 그 요소들 사이의 개념적인 관계는 상세 수준의 정보 구조에까지 영향을 주며, 그런 구조를 페이지 위에서 전달해야 하는 것이 정보 디자인의 역할이다.

인터페이스는 사용자로부터 정보를 수집하는 것뿐만 아니라 사용자에게 정보를 전달하는 역할도 해야 해서, 정보 디자인은 인터페이스 디자인 문제를 해결하는 것과 연관되어 있다. 전형적인 정보 디자인의 사례는 오류 지시문이나 사용법 안내를 들 수 있는데, 가장 어려운 대목은 사용자로 하여금 실제로 그 내용을 읽게 하는 것이다. 사용자가 실수한 상황이든 이제 처음 시스템을 사용하려고 하는 상황이든 간에, 시스템이 어떤 정보를 제공함으로써 사용자가 인터페이스를 성공적으로 사용할 수 있도록 해야 한다면 그건 언제나 정보 디자인의 문제가 된다.

길찾기

정보 디자인과 내비게이션 디자인이 함께 수행하는 한 가지 중요한 기능은 길찾기wayfinding, 즉 사람들이 현재 위치와 가고 싶은 곳을 이해하도록 도와주는 일이다. 길찾기라는 개념은 물리적 세상의 공공시설 디자인에서 나왔다. 공원, 가게, 도로, 공원, 주차장 등은 모두 길찾기 방식을 적용함으로써 편의를 제공하고 있다. 예를 들어 주차장에서는 사람들이 주차한 장소를 기억해 내도록 단서를 주기 위해서 구역마다 특정한 색상을 부여하기도 한다. 공항에서는 간판과 지도 등의 표시를 통해서 사람들이 원하는 곳으로 찾아갈 수 있게 해준다.

　웹사이트에서의 길찾기는 일반적으로 내비게이션 디자인과 정보 디자인을 둘 다 필요로 한다. 웹사이트에 채용된 내비게이션은 사이트 여기저기로 다니는 방법을 포함하고 있는 것뿐만 아니라, 그런 방법들을 명확히 전달해 줘야 한다. 좋은 길찾기는 현재 위치, 갈 수 있는 곳, 그리고 무엇을 선택해야 원하는 곳에 가까이 갈 수 있는지에 대한 그림을 사용자가 신속하게 떠올릴 수 있도록 해준다.

　길찾기에 있어서 정보 디자인 측면은 내비게이션 기능을 하지 않는 요소를 포함한다. 이를테면 주차장의 경우와 마찬가지로, 어떤 웹사이트들은 사용자가 어떤 영역을 보고 있는지를 표시하기 위한 방법으로 서로 다른 색상을 적용하여 성공을 거두었다(하지만 색상 표시는 독자적으로 쓰이는 경우가 거의 없으며, 함께 적용된 다른 길찾기 방식을 보강하는 역할을 한다). 사용자는 아이콘, 문구, 글꼴 등의 정보 디자인 속성들을 통해서 '현재 위치'에 대한 감각을 더욱 확실히 느낄 수 있다.

| 와이어프레임 wireframe

페이지 레이아웃은 정보 디자인과 인터페이스 디자인과 내비게이션 디자인이 만나 응집된 골격을 이루는 곳이다. 페이지 레이아웃은 웹사이트 정보 구조의 여러 관점을 반영하도록 디자인된 다양한 내비게이션 시스템과 페이지에 올라와 있는 기능들에서 필요한 모든 인터페이스 요소들, 그 페이지의 정보 디자인은 물론 앞의 두 가지를 모두 지원하는 정보 디자인을 모두 포괄해야 한다.

　이는 한 번에 많은 측면에서 균형을 맞춰야 하는 일이다. 그래서 페이지 레이아웃은 페이지 도면 page schematic 이나 와이어프레임 wireframe 이라는 제목의 문서에서 따로 자세히 다뤄지게 된다. 와이어프레임은 그 이름에서 알 수 있듯이 페이지에 포함되는 모든 요소들과 그 요소를 화면에 어떻게 배치할지를 최대한 단순하게 시각화한 것이다.

　단순히 선으로 표현된 이 그림은 대체로 많은 주석을 수반하게 되며, 이를 통해 읽는 사람이 정보 구조 도표나 기타 인터랙션 디자인 문서, 콘텐츠 요구사항이나 기능 사양서, 그리고 필요에 따라 다른 유형의 세부적인 문서를 참조하도록 한다. 예를 들어 어떤 와이어프레임이 기존의 특정 콘텐츠 요소를 참조한다면, 그 콘텐츠 요소에 대한 세부 내용을 찾을 수 있는 방법을 제공해야 한다. 또한 그냥 와이어프레임이나 정보 구조 도표를 보는 것만으로는 인터랙션 요소가 어떻게 행동해야 하는지가 불명확할 수 있으므로, 와이어프레임에는 추가로 의도된 행동에 대한 보충 설명을 넣기도 한다.

　구조층에서 다뤘던 정보 구조 도표는 여러 가지 측면에서 프로젝트를 위한 큰 그림이 된다. 골격층에서의 와이어프레임은 그러한 큰 그림이 어떻게 완성

| 와이어프레임은 골격 설계에 대한 모든 결정 사항을 하나의 문서에 정리하여, 시각적 디자인 작업과 웹사이트 개발에 참고하도록 만들어 놓은 것이다. 와이어프레임을 통해 전달하는 세부 내용은 여러 가지 수준이 있을 수 있는데, 여기 보이는 도식은 매우 단순한 사례이다. |

될 수 있는지를 보여 주는 세부적인 문서라고 할 수 있다. 와이어프레임에는 포괄적인 내비게이션 사양서를 첨부하는 경우도 있는데, 여기에는 사용된 내비게이션 요소 각각에 대하여 그 정확한 구성을 더욱 자세하게 설명한다.

상대적으로 규모가 작거나 단순한 제품은 하나의 와이어프레임으로도 구축할 모든 화면에 대한 틀을 제시할 수 있다. 하지만 많은 경우 프로젝트에서 의도한 결과의 복잡도를 전달하기 위해서는 여러 개의 와이어프레임이 필요하다. 그렇다고 각각의 화면마다 와이어프레임을 만들 필요는 없을 것이다. 마치 설계 과정을 거치면서 콘텐츠 요소들이 그 종류에 따라 개략적으로 구분된 것처럼, 대상 제품의 다양한 기능이나 내비게이션 중에서 비교적 적은 수의 표준 화면이 드러날 것이다.

와이어프레임은 웹사이트의 시각 디자인을 공식적으로 구체화하는 데 필요한 첫 단계일 뿐이지만, 개발 과정에 관련된 사람들은 거의 모두가 때때로 와이어프레임을 참조하게 될 것이다. 전략, 범위, 구조를 책임지고 있는 사람들은 와이어프레임을 통해서 최종적으로 만들어질 제품이 기대를 충족시킬지를 확인할 수 있다. 실제로 제품의 제작을 책임지는 사람들은 웹사이트가 어떻게 동작해야 하는지를 설명하기 위해서 와이어프레임을 참조하게 될 것이다.

와이어프레임은 정보 구조와 시각 디자인이 합쳐지는 장소이기도 하기 때문에, 토론과 논쟁의 주제가 되는 경우가 많다. 사용자 경험 디자이너는 와이어프레임을 만드는 시각 디자이너가 정보 구조의 설계 원칙을 반영하지 않는 내비게이션 시스템으로 정보 구조를 모호하게 만든다고 불평한다. 시각 디자이너는 사용자 경험 디자이너가 만든 와이어프레임이 정보 디자인 문제에 도움이 될 수 있는 경험과 전문성을 낭비하고 자신들의 역할을 그저 번호에 맞춰 색칠이나 하는 수준으로 줄인다고 불평한다.

사용자 경험 디자이너와 시각 디자이너를 별도로 두고 있다면, 성공적인 와이어프레임을 만드는 유일한 방법은 협력뿐이다. 와이어프레임의 세부 사항을 함께 만들어 내야 하는 과정은 양쪽 모두가 서로의 관점에서 볼 수 있게 해주고, 나중에 제품이 한창 만들어지고 있는 와중에 사람들이 모두 왜 제품이 계획한 대로 동작하지 않는지 고민하고 있을 때까지 기다리지 않고 그보다 일찍 문제를 파악할 수 있게 해줄 수도 있다.

　위와 같은 모든 이야기는 와이어프레임이 굉장히 큰 작업인 것처럼 들린다. 하지만 꼭 그렇지는 않다. 문서는 목적을 위한 수단일 뿐 목적 그 자체가 아니다. 문서화를 위한 문서화 작업은 시간 낭비일 뿐만 아니라, 비생산적이고 비윤리적이다. 문서화 작업을 필요한 만큼만 적당히 하게 되면, 문서화를 골칫거리가 아닌 장점으로 바꿀 수 있다.

　내가 참여했던 성공적인 와이어프레임 중 어떤 것은 그냥 연필로 그린 그림에 포스트잇 쪽지를 붙인 게 전부였다. 디자이너와 프로그래머가 같이 앉아 작업했던 작은 팀의 경우에는 그 정도 수준의 문서화로도 완벽하게 충분했다. 하지만 프로그래밍 업무가 한 사람이 아니라 팀 전체에게 부여되어 있고, 특히 그 팀이 멀리 떨어진 다른 지역에 있는 경우에는, 그보다는 좀 더 형식적인 문서가 필요하다.

　와이어프레임 문서의 가치는 구조층의 세 가지 요소를 모두 함께 통합한다는 점에 있다. 인터페이스 요소의 선별과 배치를 통해서 인터페이스 디자인이 포함되고, 주요 내비게이션 시스템을 규명하고 정의함으로써 내비게이션 디자인이 포함되며, 정보 구성 요소의 우선순위와 배열을 통해서 정보 디자인이 포함된다. 이렇게 세 가지 요소를 하나의 문서에 통합함으로써, 와이어프레임은 근원적이고 개념적인 정보 구조 위에 구축되는 골격을 정의하는 동시에 제품의 표면을 어떻게 디자인할지에 대한 방향을 잡을 수 있다.

7 표면층

감각적 측면의 디자인

다섯 개 층으로 이루어진 UX 모델의 꼭대기에서는

사용자에게 가장 먼저 눈에 띄는 감각적 측면의 디자인에 주목한다.

콘텐츠, 기능, 외관은 이곳에서 하나로 합쳐져

감각적으로 만족스러우면서도

다른 네 개 층의 모든 목적을 충족시키는 디자인으로 완성된다.

7
The Surface Plane

▍표면의 정의

골격층에서는 주로 배치의 문제를 다뤘다. 인터페이스 디자인은 상호작용을 위한 요소의 배치를 다루고, 내비게이션 디자인은 제품 안을 돌아다니게 해주는 요소의 배치를 다루며, 정보 디자인은 사용자에게 정보를 전달할 수 있게 해주는 요소들의 배치를 다룬다.

   표면층으로 올라오면, 이제 감각적인 디자인과 제품의 골격을 구성하는 논리를 표현하는 방식에 대해서 다루게 된다. 이를테면 정보 디자인에 주목하면서 페이지의 정보 요소들을 묶고 배치하는 방법을 결정하고, 시각 디자인에 주목하면서 그런 배치가 시각적으로 어떻게 표현되어야 하는지를 결정한다.

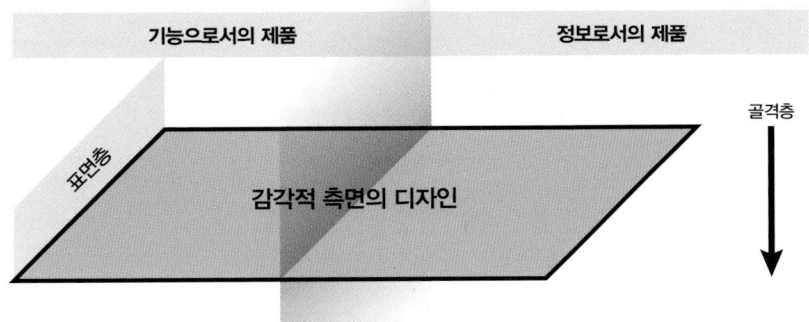

7 표면층

┃ 감각 속의 논리 만들기

제품이나 서비스를 통해 겪게 되는 경험뿐만 아니라 세상이나 사람들을 통해서 겪게 되는 모든 경험은 근본적으로 감각을 통해서 우리에게 들어온다. 디자인 과정에서 제품 디자인의 모든 측면을 어떻게 사람들의 감각으로 전달할 것인지를 결정하는 것은 사용자에게 경험을 전달하는 여정의 마지막 정거장이라고 할 수 있다. 오감(시각, 청각, 촉각, 후각, 미각) 중 어떤 감각을 이용할지는 디자인하는 제품의 종류에 달려 있다.

후각과 미각

음식이나 향수나 향기가 포함된 제품을 제외하면, 사용자 경험 디자이너에게 있어서 후각과 미각은 거의 고려의 대상이 되지 못한다. 사람들이 때때로 제품의 냄새에 강한 연상을 갖는 것은 사실이다. 이를테면 '새 차 냄새'는 매우 인기가 좋아서 누가 봐도 '새 차'라고 볼 수 없는 자동차에 방향제로 사용되기도 한다. 하지만 이런 냄새는 일반적으로 제품을 만드는 과정에서 선택한 재료에 따라 달라지는 것이며, 경험 디자이너 결정에 의한 것이 아니다.

촉각

물리적인 제품의 촉각에 대한 경험은 제품 디자인의 영역에 속한다. 제품 디자이너는 주로 사용자와 제품의 물리적 관계에 주목한다. 이런 관점은 휴대폰 버튼의 배치 같은 인터페이스 및 인터랙션 디자인 요소도 수반하지만, 기기의 형태(각진 모양인가? 둥근 모양인가?)나 적용된 표면 질감(부드러운가? 거칠거칠한가?)이나 사용된 재질(플라스틱? 금속?) 등 순수하게 감각적인 측면도 포함한다. 화면 중심의 경험도 진동 기능 덕택에 촉감 영역을 가질 수 있게 되었다. 휴대폰과 비디오 게임기는 둘 다 사용자와 소통하기 위하여 진동을 사용한다.

청각

여러 종류의 제품과의 경험에서 소리는 나름의 역할을 한다. 일반적인 자동차에서 나는 온갖 종류의 경고음과 그 의미를 생각해보자. '전조등이 켜져 있습니다', '안전벨트를 매지 않았습니다', '자동차 열쇠가 꽂혀 있는 상태에서 차 문이 열렸습니다'와 같은 안내음은 사용자에게 의미를 전달하기 위해서 일 뿐만 아니라, 제품에 느낌을 부여하기 위해서도 사용될 수 있다. 이를테면 티보TiVo 사용자는 그 제품을 사용한 경험을 바탕으로 다양한 경고음과 효과음을 쉽게 기억해 낼 수 있다.

시각

시각 디자인은 세상의 거의 모든 종류의 제품과 관련되어 있기 때문에, 시각은 사용자 경험 디자이너가 가장 잘 알고 있는 분야이다. 따라서 이 장의 나머지 부분에서는 시각 디자인이 어떻게 사용자 경험을 뒷받침하는지에 초점을 맞춘다.

언뜻 생각하면 시각 디자인은 단순히 미학적인 문제로 여겨질지도 모른다. 모든 사람은 서로 취향이 다르고, 어떻게 시각적으로 매력적인 디자인을 만드는지에 대한 생각도 다르며, 따라서 디자인상의 결정에 관한 토론은 언제나 개인의 취향 문제로 귀착되고 만다. 그렇지 않은가? 모두가 서로 다른 미학적 감각이 있다는 것은 맞지만, 그렇다고 관련된 모든 사람이 좋아하는 것을 기초로 디자인을 결정해야 하는 것은 아니다.

시각 디자인을 순전히 미학적인 기준으로 평가하기보다, 그 디자인이 어떻게 동작할 것인지에 초점을 맞춰야 한다. 디자인이 UX 모델의 표면층 아래에서 정의된 목표들을 얼마나 잘 뒷받침하는가? 예를 들어 제품 구조의 각 부분이 겉모습에서 구별이 되지 않고, 모호하게 감춰져 있는가? 아니면 그 시각 디자인이 사용자가 선택할 수 있는 항목들을 명확하게 보여줌으로써 구조를 명확하게 만들었는가?

한 가지 예로 웹사이트는 방문자에게 브랜드를 알리는 것을 일반적인 전략적 목표로 삼는다. 브랜드는 웹사이트의 기능이 사용하는 언어나 인터랙션 디자인 등 많은 형식으로 차별화되지만, 이를 전달하기 위한 주된 도구는 시각 디자인이다. 만약 전달하려는 브랜드의 차별점이 기술적이고 권위적이라면, 만화책 같은 글꼴이나 밝은 파스텔 느낌의 색상은 쓰지 않는 게 좋을 것이다. 이는 단지 미학적인 문제가 아니라, 전략의 문제다.

| 시선을 따라 흘러가라

어떤 제품의 시각 디자인을 평가하는 간단한 방법이 하나 있다. 시선이 어디로 먼저 향하는지를 물어보는 것이다. 디자인의 어떤 요소가 제일 먼저 사용자의 주의를 끄는가? 제품의 전략적 목표에 중요한 요소인가? 처음 시선을 사로잡은 요소가 사용자 자신의 목표나 회사의 목표를 이루는데 방해가 되지는 않는가?

어떤 연구자들은 복잡한 시선추적eyetracking 장비를 이용한 실험을 통해서 참가자가 정확히 어디를 보고 있으며 그 시선이 화면에서 어떻게 움직이는지를 파악하기도 한다. 하지만 특정 제품의 시각 디자인을 마무리하는 단계에서는, 일반적으로 그냥 사람들에게(혹은 자기 자신에게) 물어보는 것만으로도 충분하다. 이런 식으로는 아주 정확한 결과를 얻을 수도 없고 시선추적 장비가 보여 줄 수 있는 모든 미묘한 의미까지 잡아낼 수도 없다. 그렇지만 대부분은 단순히 물어보는 것만으로도 충분한 답을 찾을 수 있다. 눈길을 끄는 디자인 요소를 찾는 다른 방법은 눈을 가늘게 뜨고 시야를 흐릿하게 만들어 화면이 자세히 보이지 않게 하거나, 화면에서 몇 걸음 떨어져 보는 것이다.

그 상태에서 시선이 어디로 가는지를 보면 된다. 직접 해보는 경우라면, 자신의 눈이 무의식적으로 화면 어느 곳을 보고 있는지를 인지해보자. 무엇을 보고 있는지에 대해서 너무 많이 생각하지 말고, 그저 펼쳐진 화면 상에서 눈이 자연스럽게 흘러가도록 해야 한다. 다른 사람에게 물어보는 경우라면, 화면의 요소들을 눈에 띄는 순서대로 불러 달라고 하면 된다.

이렇게 해보면 일반적으로 사람들이 시선을 움직이는 데에는 상당히 일관성 있는 성향이 있음을 알게 될 것이다. 무엇보다도 눈의 움직임은 무의식적이고 본능적인 행위이기 때문이다. 어떤 피실험자가 자기 시선의 움직임을 다른 사람들과 전혀 다른 식으로 이야기한다면, 그건 스스로 자연스러운 눈의 움직임을 제대로 인지하지 못하거나 실험하는 사람이 원하는 답이라고 생각하는 것을 말하고 있기 때문이다.

잘 만들어진 디자인이라면, 사용자 시선의 움직임에서 보이는 성향은 다음과 같은 두 가지 중요한 특징을 보일 것이다.

첫째, 매끄러운 흐름을 따른다. 사람들이 어떤 디자인에 대해서 '복잡하다'거나 '산만하다'고 말한다면, 그건 디자인이 화면상에서 사용자를 자연스럽게 이끌어 주지 않는다는 사실을 반영하는 것이다. 매끄러운 흐름이 없으면 사람들의 시선은 주의를 끌기 위해서 아우성치는 온갖 요소들 사이를 이리저리 헤매고 다니게 된다.

둘째, 그 화면에서 할 수 있는 일들을 안내해 주지만, 세세한 설명으로 오히려 정신없게 만들지 않는다. 언제나 그렇지만, 이렇게 알려주는 내용은 그 순간 사용자가 제품을 사용하면서 갖고 있는 목표와 작업에 도움이 돼야 한다. 그보다 더 중요한 것은, 그런 내용 때문에 오히려 사용자가 목표를 이루는 데 필요한 정보와 기능에 주목할 수 없게 되어서는 안 된다는 점이다.

화면 위에서 사용자 시선의 움직임은 우연의 산물이 아니라, 시각적인 자극에 대해서 모든 인간이 공통적으로 갖고 있는 원초적이고 본능적인 일련의 반응에 의한 결과이다. 우리 디자이너에게 천만다행인 것은 이런 반응을 통제할 수 있다는 점이다. 지난 수 세기 동안 디자이너들은 사람의 주의를 효율적으로 유도하고 조정할 수 있는 다양한 시각적 기법들을 개발해 왔다.

| 대비와 통일성

시각 디자인에서, 사용자의 주의를 끌기 위해서 주로 사용하게 되는 도구는 대비 contrast 다. 대비가 없는 디자인은 단지 밋밋하게 아무 특징이 없는 덩어리로 보일 뿐이어서 사용자의 시선이 한곳에 머물지 못하고 헤매게 한다. 인터페이스의 핵심적인 요소로 사용자의 주의를 끌려면 반드시 대비를 사용해야 한다. 대비는 사용자가 페이지에서 내비게이션 요소들 사이의 관계를 이해하는 데 도움이 되며, 정보 디자인에서 개념적인 구분을 전달하기 위한 수

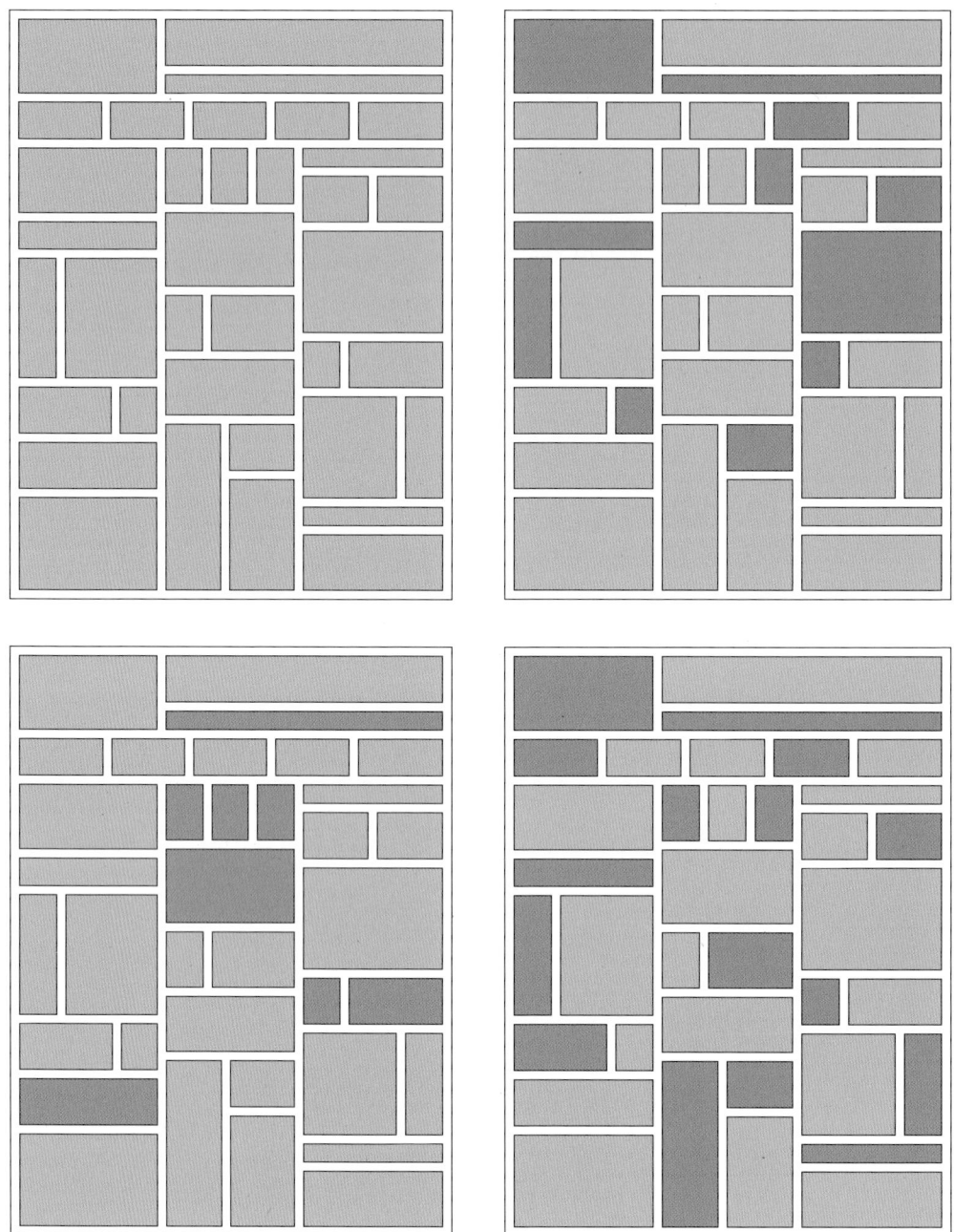

| 시각적으로 중립적인 레이아웃에서는 아무것도 두드러지지 않는다(왼쪽 위). 대비를 이용하면 페이지에서 사용자의 시선을 안내하거나(오른쪽 위), 중요한 구성 요소 몇 개를 부각할 수 있다(왼쪽 아래). 대비를 지나치게 적용하면 디자인이 산만해질 수 있다(오른쪽 아래). |

단으로 쓰인다.

어떤 디자인에 포함된 요소들이 서로 다르면, 사용자는 정말 어쩔 수 없이 주의를 기울이게 된다. 디자이너는 사용자가 봐야 할 부분을 다른 요소들에 비해 눈에 띄게 함으로써 그런 본능적인 행위를 유리하게 활용할 수 있다. 웹 인터페이스에서 오류 안내문은 종종 페이지의 나머지 부분에 파묻혀 그 역할을 제대로 하지 못하는 경우가 있다. 문구를 이를테면 빨간색으로 구분되게 한다거나 눈에 띄는 그림을 써서 그 내용을 강조하면 그런 문제를 해결할 수 있다.

하지만 이런 전략이 먹히려면, 디자인상의 차이는 사용자가 봤을 때 뭔가 전달하려는 게 있다는 걸 알 정도로 명확해야 한다. 구성 요소 두 개의 세부적인 디자인이 비슷한데 똑같지는 않다면 사용자는 혼란스러워진다. "왜 이 둘은 다른 거지? 똑같아야 하는 거 아닌가? 뭔가 실수를 했는지도 모르지. 아니면 여기에 내가 알아채야 하는 뭔가가 있는 건가?" 디자인은 이런 상황을 피하면서, 두 요소가 모두 사용자의 주의를 끌면서도 둘 사이의 차이점이 의도적이라는 것을 확실히 알려 줘야 한다.

디자인에서 통일성 uniformity 을 유지하는 것은 사용자를 혼란스럽게 하거나 정신없게 하지 않으면서도 효과적으로 필요한 의미를 전달하기 위해 중요한 부분이다. 통일성은 시각 디자인의 다양한 측면에서 적용된다.

구성 요소들의 크기를 통일시키는 것은 새로운 디자인이 필요할 때 그 요소들을 쉽게 재결합할 수 있게 해준다. 예를 들어 내비게이션에 쓰이는 그래픽 버튼들이 모두 높이가 같다면, 그 배치를 산만하게 만들거나 새로운 그래픽을 만들어낼 필요가 없이 필요할 때마다 서로 조합해서 쓸 수 있다.

그리드 기반 레이아웃 grid-based layout 은 인쇄물 디자인에서 웹으로 넘어온 기법이다. 이 방법은 화면 배치를 바꿀 때 기반이 되는 틀에 따르도록 함으로써 디자인의 통일성을 유지하게 해준다. 모든 경우의 레이아웃에서 그리드의 모든 부분을 적용하는 것은 아니지만(사실 대부분의 배치는 몇 개의 그리드만 사용한다), 그리드 상에서 모든 구성 요소의 위치는 일관적으로 통일되어야 한다.

그러나 기기, 화면 크기, 화면 해상도의 폭넓은 다양성 때문에, 화면 디자인

| 그리드 기반의 화면 배치는 다양한 디자인이 공통적인 시각적 질서를 갖도록 해준다. |

에 그리드를 적용하는 일이 인쇄물 디자인의 경우처럼 단순하지 않은 경우도 있다. 그리드든, 통일성을 주기 위한 다른 어떤 표준이든, 더 이상 무의미할 때조차 거기에 집착하는 오류를 범하기 쉽다. 디자인 표준 없이 어수선하게 일하는 것도 좋지 않지만, 목적에 부합하지 않는 디자인 표준을 따라 작업하느라 자신을 스스로 구속하는 것은 더 나쁠 수 있다. 그리드를 만들었을 당시에는 아무도 생각하지 못했던 새로운 기능이 제품이 추가됐을 수도 있고, 애당초 그리드가 제대로 만들어지지 않았을 수도 있다. 이유가 뭐든, 시각 디자인 시스템의 기초를 재검토할 시기를 아는 것은 중요한 일이다.

내적 일관성과 외적 일관성

일반적인 웹사이트 제작 방식은 그때그때 조금씩 진행되며, 수시로 추가되고, 회사에서 진행되는 다른 디자인 업무와는 별개로 진행되기 때문에, 시각 디자인에서의 일관성이 떨어지는 문제로 어려움을 겪는다. 이는 두 가지 형태로 나타난다.

- 내적 일관성의 문제: 제품의 부분들이 서로 다른 방식으로 디자인된 경우
- 외적 일관성의 문제: 제품이 같은 회사에서 만든 다른 제품들과 다른 방식으로 디자인된 경우

내적 일관성 문제에 대한 좋은 해법은 웹사이트의 골격을 이해하는 것에서부터 시작한다. 핵심은 제품의 인터페이스 디자인, 내비게이션 디자인, 정보 디자인 문제에 걸쳐 다양한 맥락에서 나타나는 반복적인 디자인 요소를 파악하는 것이다. 각각의 디자인 구성요소를 그 요소가 쓰이게 될 다양한 맥락들로부터 분리해서 디자인함으로써, 맥락에 의해 야기되는 문제에 주의를 빼앗기지 않고 해결하고자 하는 눈앞의 문제를 보다 명확하게 볼 수 있다. 동일한 구성 요소를 반복해서 디자인하는 대신, 한번 디자인해서 제품 전체에 걸쳐 사용할 수 있다.

그렇게 되려면, 디자인된 구성 요소를 그 요소가 나타나는 다양한 맥락과 함께 검토해 보아야 한다. 커다랗고 둥근, 빨간 '중지' 버튼은 결제 페이지에 쓰기에는 괜찮을지 몰라도, 복잡한 제품 주문 페이지에 쓰면 그만큼 시각적으로 효율적이지 않다. 각각의 구성 요소를 디자인하는 최고의 방법은, 그 디자인을 다양한 조건에서 시도해 보고 필요에 따라 개선하는 것이다.

많은 디자인 요소들이 서로 따로따로 만들어지기는 하지만, 결국 그 요소들은 함께 동작해야 한다. 성공적인 디자인은 단순히 잘 디자인된 작은 객체들을 모아 놓는다고 만들어지는 게 아니라, 오히려 그 객체들이 서로 응집되어 일관적인 전체로서 움직이는 하나의 시스템을 형성해야 한다.

다양한 매체에 걸쳐 디자인 일관성을 적용하는 것은 고객, 잠재투자자, 주주, 직원, 구경꾼 등 여러 종류의 사람들에게 브랜드에 대한 통일된 인상을 주게 된다. 브랜드의 독자성에 대한 이런 일관성은 모든 화면에 걸쳐 나타나는 내비게이션 요소에서부터 딱 한 번 사용되는 작은 버튼에 이르기까지 제품에 적용되는 시각 디자인의 모든 수준에 걸쳐 나타나야 한다.

다른 매체에 적용된 것과 다른, 일관적이지 않은 스타일을 웹사이트에 적용하게 되면, 사람들이 그 제품에 대해 갖게 되는 인상뿐만 아니라 회사 전체에 대한 인상에도 영향을 준다. 사람들은 명확하게 정의된 자아상을 갖고 있는 회사에 대해서 긍정적인 반응을 보인다. 일관적이지 않은 시각적 스타일은 기업 이미지를 불명확하게 하고, 사람들은 회사가 스스로에 대한 정체성을 찾지 못했다고 생각하게 한다.

| 색상 팔레트와 타이포그래피

색은 독자적인 브랜드를 전달하는 가장 효과적인 수단 중 하나이다. 어떤 브랜드는 색상과 너무나 밀접하게 연관되어 있어서 그 회사에 생각할 때 어떤 색상을 떠올리지 않기가 어렵다. 코카콜라Coca-Cola, 유피에스UPS, 코닥Kodak이 좋은 사례다. 이런 회사들은 여러 해에 걸쳐서 특정한 색상(빨강, 갈색, 노랑)을 일관적으로 적용하여 대중의 마음속에 자신의 정체성에 대한 강한 인상을 심었다.

그렇다고 그런 회사들이 지정된 색만 쓰고 다른 색은 전혀 쓰지 않는다는 말은 아니다. 보통 핵심적인 브랜드 색상은 회사에서 나오는 모든 문서에 걸쳐 사용할 수 있는, 더욱 넓은 색상 팔레트의 일부이다. 회사의 표준 팔레트에 포함된 색상들은 서로 얼마나 잘 어울리는지, 그리고 서로 경쟁하기보다 보완해 주는지를 특별히 고민해서 선별한 것이다.

색상 팔레트는 다양한 용도에 적합한 색들을 포함해야 한다. 대부분의 경우 밝거나 선명한 색은 디자인의 앞부분(주의를 끌고 싶은 요소)에 쓰이며, 그보다 가라앉은 색은 페이지에서 도드라지지 않는 배경 요소에 쓰인다. 손쉽게 골라 쓸 수 있는 일련의 색상을 준비해 두면 디자인 과정을 효과적으로 만들어 줄 도구가 된다.

대조와 통일성은 시각 디자인의 다른 분야에서도 중요하지만, 색상 팔레트를 만들 때도 중요한 역할을 한다. 서로 아주 비슷하지만 똑같지는 않은 색들을 하나의 맥락에 적용하면, 색상 팔레트의 효율성이 떨어진다. 그렇다고 빨강도 한 색조, 파랑도 한 색조만을 사용해야 한다는 뜻은 아니다. 단지 다른 색조의 빨강을 사용하고자 한다면 그 색이 사용자가 보기에 다른 빨강 계열 색과 확연히 달라 보이도록 해야 하며, 각각의 색을 일관적인 기준에 따라 적용해야 한다는 것이다.

어떤 회사는 자사의 브랜드 독자성에서 타이포그래피(글꼴을 이용해서 특정한 시각적 스타일을 만들어내는 것)를 중요하게 생각해서, 그 회사 전용의 글꼴을 특별히 주문 제작하기도 한다. 애플Apple이나 폭스바겐Volkswagen은 물론 런던 지하철이나 마사 스튜어트Martha Stewart•에 이르기까지, 많은 회사가 고객과의 의사소통에서 확고한 독자성을 확립하기 위해 별도의 타이포그래피를 사용한다. 하지만 그렇게 특별한 방법을 취하지 않는 경우에도, 시각 디자인을 통

• 자신의 이름을 딴 마사 스튜어트 리빙 옴니미디어Martha Stewart Living Omnimedia Inc.의 회장 겸 대표이사로, 요리를 중심으로 하는 저술 및 출판, 관련 용품 판매를 통해 자수성가하여 미국을 대표하는 여성 기업인 중 한 명이 되었다. 이 대목에서 볼 수 있듯이, 마사 스튜어트라는 이름은 이제 사람 이름이라기보다 회사의 브랜드로 받아들여지고 있다.

7 표면층

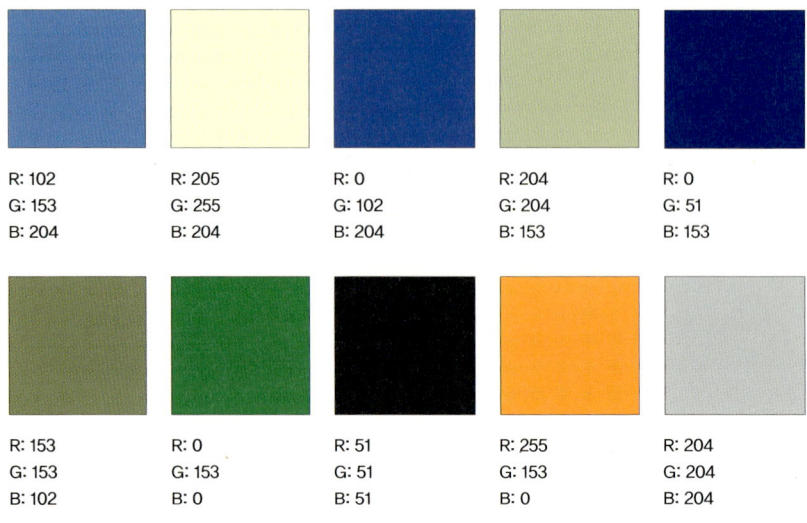

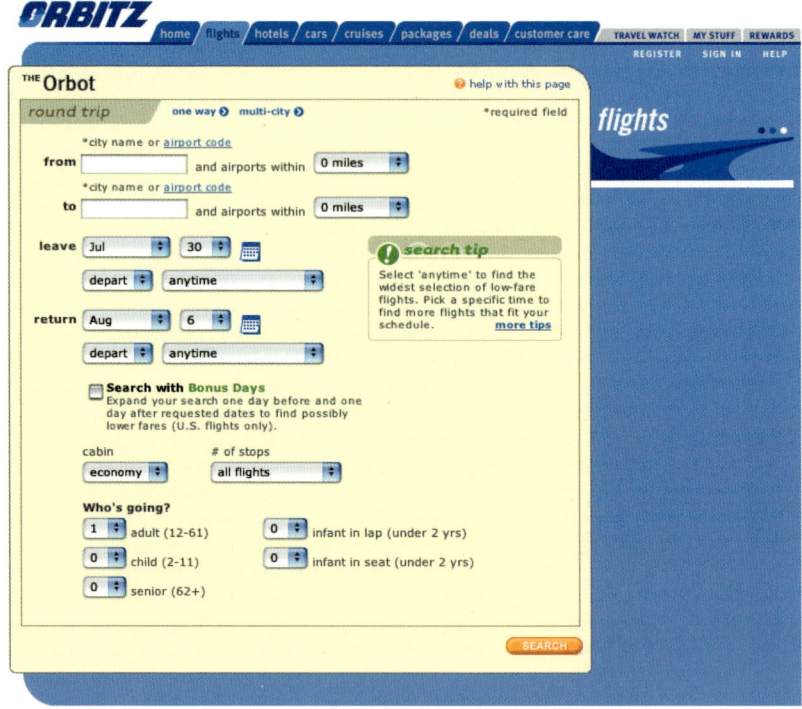

| 오르비츠Orbitz 웹사이트에서는 제한된 색상 팔레트(위)를 적용해서 웹사이트의 기능들을 서로 구분한다 (아래). |

해 독자성을 표현하는 데 글꼴은 효과적인 역할을 할 수 있다.

본문, 즉 문단 길이로 표현되거나 사용자가 오랫동안 읽어야 하는 문구는 단순할수록 좋다. 우리의 눈은 화려한 글꼴이 적용된 많은 분량의 글을 읽으려고 하면 빨리 피로해진다. 그런 이유로 헬베티카Helvetica나 타임스Times 같이 단순한 글꼴이 널리 쓰이는 것이다. 하지만 그렇더라도 가독성을 위해서 스타일을 희생해야 하는 그런 글꼴들만 써야 하는 건 아니다.

내비게이션 요소 등에 나타나는 큰 글자 요소나 짧은 표시 문구에는 조금 더 개성 있는 글꼴이 적당하다. 하지만 사용자를 시각적으로 산만하고 정신 없게 만들면 안 된다는 점을 고려할 때, 불필요하게 여러 가지 글꼴을 사용하거나 적은 수의 글꼴이라도 일관성 없이 사용하게 되면 산만함의 정도를 높일 수 있다는 것을 명심해야 한다. 대부분의 경우 사용자에게 전달하고자 하는 내용을 전하는 데는 몇 가지 글꼴만으로도 충분하다.

글꼴 사용에서의 기본 원칙은 시각 디자인의 다른 측면에 적용되는 원칙과 동일하다. 아주 비슷하면서 그렇다고 똑같지는 않은 스타일은 사용하지 말아야 한다. 전달하고자 하는 정보에 차이가 있을 때에만 서로 다른 스타일을 적용하라. 사용된 스타일 사이에 충분한 차이를 주어 필요한 만큼 사용자의 주의를 이끌어낼 수 있도록 해야 하지만, 지나치게 광범위하고 다채로운 스타일로 디자인을 과부하 시키는 일도 피해야 한다.

| 디자인 구성도와 스타일 지침서

시각 디자인 영역에서 와이어프레임에 직접 비교될 수 있는 것은 시각적 목업mock-up 혹은 디자인 구성도design composite 라고 할 수 있다. 디자인 구성도는 그 이름이 의미하는 그대로, 선별된 구성 요소들로 만들어진 완성된 제품을 시각화해 놓은 것이다. 구성도는 모든 요소가 어떻게 함께 동작하여 하나로 융합하게 되는지를 보여준다. 혹시 그렇지 않은 경우라고 할지라도 제품이 어떻게 구성되는지를 표시하고, 디자인할 때 고려해야 할 제약 사항들을 보여 줄 수 있다.

와이어프레임의 구성 요소와 디자인 구성도의 구성 요소 사이에는 단순한 일대일 관계가 드러나야 한다. 와이어프레임에 나타난 배치가 구성도에 충실히 반영되지 않을 수도 있다. 사실, 배치가 바뀌는 경우도 많을 것이다. 와이어프레임은 제품의 골격을 문서로 만들기 위한 것으로, 시각 디자인 측면의 고민을 반영하지 않는다. 디자인 구성도를 만들기에 앞서 와이어프레임을 작성하는 건 먼저 골격 측에서의 문제를 따로 파악하고 그 다음으로 어떻게 표면층의 문제가 나타나는지를 볼 수 있도록 하는 데 목적이 있다. 그러나 디자인 구성도가 와이어프레임 상의 배치를 정확하게 따르지 않는다고 할지라도 와이어프레임의 핵심적인 아이디어, 그 중에서도 특히 정보 디자인 측면의 고려사항은 구성도에서도 명확하게 확인할 수 있어야 한다.

이 모든 문서화를 진행하려면 상당히 노력을 해야 하는 것이 사실이지만, 그 작업을 하는 데에는 충분한 이유가 있다. 결정된 사안에 대한 근거는 시간이 지남에 따라 기억에서 사라지기 마련이다. 특정한 상황에서 어떤 문제를 해결하기 위해서 임기응변으로 내린 결정과 향후 디자인 작업의 기반을 마련하기 위한 목적으로 내린 결정이 온통 뒤섞여 버리는 것이다.

디자인 체계를 문서화해야 하는 또 다른 이유는, 사람들이 결국 언젠가는 일을 그만두기 때문이다. 팀을 떠나는 사람은 매일 같이 제품을 설계하고 구축하는 방법에 대한 풍부한 지식을 그대로 갖고 가게 된다. 최신 표준과 적용 사례를 포함해서 스타일 지침서를 갱신해 두지 않으면 그런 지식은 잊혀져 버린다. 시간이 지나면, 진척된 업무와 그 결정에 대한 근거를 기억하는 사람들이 직위가 변하면서 회사의 다른 부문으로 이동해 버리거나 실무에서 멀어지고, 조직은 전체적으로 일종의 점진적인 기억상실을 겪게 된다

디자인상의 의사결정을 명확하게 문서로 만들어 놓은 것이 스타일 지침서 style guide 이다. 스타일 지침서는 가장 큰 영역에서부터 가장 작은 영역에 이르기까지, 시각 디자인의 모든 측면에 대한 개요를 담고 있다. 스타일 지침서에는 보통 디자인 그리드, 색상 팔레트, 타이포그래피 표준, 로고 적용 지침 등과 같이 제품의 모든 부분에 걸쳐 영향을 미치는 공통적인 표준이 제일 먼저 들어가게 된다.

로고	브랜드 영역	편의적 내비게이션
	글로벌 내비게이션	
	선별된 내용	부가적 내비게이션
	전국 주요 소식	지역별 주요 소식

| 시각 디자인이 와이어프레임을 정확히 따를 필요는 없으며, 단지 와이어프레임에 표현된 구성 요소들 사이의 상대적인 중요성과 분류 방식을 반영하는 것이 중요하다. |

스타일 지침서에는 제품의 특정 영역이나 기능에 대한 표준도 들어간다. 경우에 따라 스타일 지침서로 작성된 표준은 각각의 개별 인터페이스와 내비게이션 요소에 이르는 상세한 내용까지도 담게 된다. 이 지침서의 전반적인 목적은 디자인 의사결정에 필요한 근거를 제공함으로써 사람들이 올바른 결정을 내릴 수 있도록 도와주는 것이다.

스타일 지침서를 만들면 분산된 조직에서 디자인의 일관성을 수립하는 데 도움이 되기도 한다. 웹사이트의 운영 업무가 다양한 분야의 여러 프로젝트로 이루어져 있고 세계 각지의 사무실에서 일하고 있는 사람들이 그 프로젝트들을 착수하고 진행하고 있다면, 그런 웹사이트는 아마도 온갖 스타일과 표준들을 임의로 갖다 모아 둔 것처럼 보일 것이다. 그 모든 사람이 하나로 통일된 일련의 표준을 따르게 하는 일은 무척 어려울 수 있는데, 바로 그래서 조직에서는 보통 생각하는 것보다 더 상급의 부서에서 디자인 스타일 지침서를 시행하는 책임을 지기도 한다. 디자인 작업을 할 때 참조할 수 있는 스타일 지침서는 대충 조각들을 짜깁기한 게 아니라 하나로 통합된 전체로 보이는 제품을 만드는데 가장 효과적인 수단이 된다.

8
UX 요소의 응용

8
The Elements
Applied

만드는 제품이 아주 복잡한 경우라고 할지라도 사용자 경험의 요소는 달라지지 않는다. 하지만 그 요소의 배경이 되는 개념을 실행으로 옮기는 것은 그 자체만으로도 하나의 도전으로 보일 때가 있다. 그저 시간과 자원의 문제가 아니라, 마음가짐의 문제일 때가 많은 것이다.

전략, 범위, 구조, 골격, 표면의 다섯 개 층을 한꺼번에 아울러 보면 엄청난 분량의 작업처럼 보인다. 물론 그 모든 세부 사항에 대하여 세심한 주의를 기울이는 작업은 고도로 훈련된 전문가 여러 명이 몇 개월의 개발 기간을 투자해야 하는 일이다. 그렇지 않은가?

꼭 그런 건 아니다. 물론 프로젝트나 조직에 따라 특정 전문가로 이루어진 팀을 꾸리는 것이 다른 방식으로 다루기엔 너무 복잡한 제품에 관한 책임을 효과적으로 분담하는 방법일 수도 있다. 또한, 전문가들은 오로지 전체 사용자 경험의 일부분에만 초점을 맞추기 때문에, 그 결과 해당 주제에 대해 더욱 심층적으로 이해하게 되기도 한다. 그렇지만 많은 경우, 제한된 자원을 바탕으로 한 작은 팀이 비슷한 성과를 낼 수도 있다. 작은 팀은 서로 간에 사용자 경험에 대한 공감대를 이루기가 더 쉬우므로, 고작 몇 명으로 이루어진 팀이 커다란 팀보다 더 나은 결과를 만들어 내는 일도 있을 수 있다.

사실 사용자 경험을 디자인하는 것은 해결해야 할 아주 작은 문제를 아주 많이 모아 놓은 것과 크게 다르지 않다. 그 접근에서 성공하는 방법과 실패로 가는 방법 사이의 차이점은 결국 두 가지 기본적인 생각에 달려 있다.

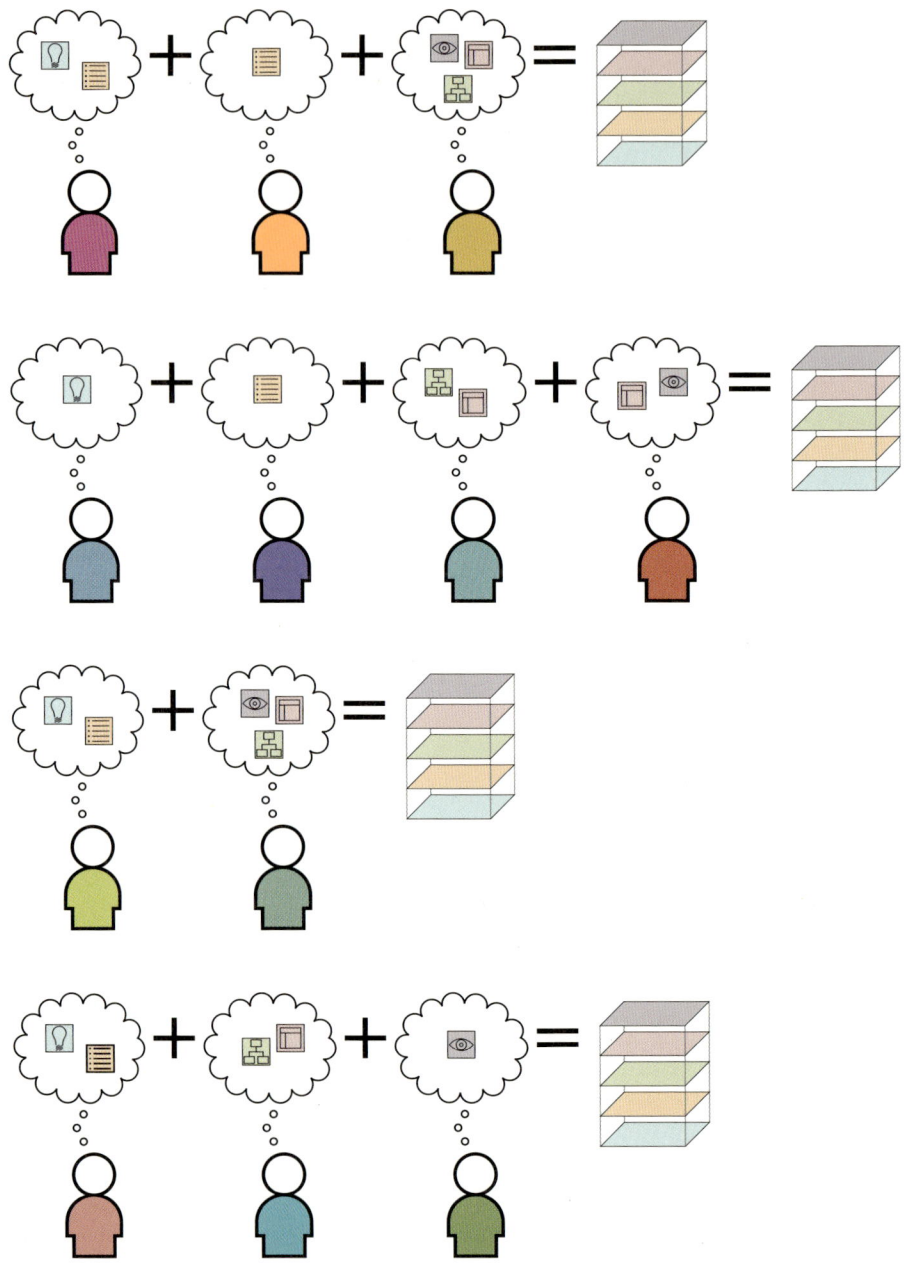

| 성공적인 사용자 경험을 만들어 내는데 있어서 중요한 필수 고려 사항을 모두 파악하려면, 다섯 개의 층에 대해서 생각하고 있는 사람이 조직 내에 있어야 한다. 사용자 경험의 요소들이 모두 고려되도록 만드는 것은 그 업무들이 조직 내에서 분배된 방식보다 더 중요하다.

- 해결하려는 문제에 대한 이해: 홈페이지에 있는 커다란 보라색 버튼이 문제라는 걸 알아냈다고 하자. 그 버튼이 크다는 것과 보라색이라는 것(표면)을 바꿔야 하는가? 아니면 그 버튼이 페이지에서 잘못된 위치(골격)에 놓여 있거나, 버튼에 할당된 기능이 사용자가 생각하는 것과 다르게(구조) 동작하는가?

- 문제에 대한 해결책이 가져올 결과: 모든 의사결정은 사용자 경험의 요소들을 따라 물결처럼 위아래로 퍼져 나간다는 점을 기억해야 한다. 제품의 어떤 부분에서는 정말 잘 동작하는 내비게이션 디자인이, 구조상의 다른 부분에서 필요한 요구사항은 충족시키지 못할 수도 있다. 상품 선택 마법사에 적용된 인터랙션 디자인은 혁신적인 방법이 될 수는 있겠지만, 기술에 거부감이 있는 사용자의 요구를 충족시킬 수 있을까?

사용자 경험 디자인 과정을 거치면서, 놀라울 정도로 많은 자잘한 결정들이 완전히 무의식적으로 이루어진다. 사용자 경험에 대해서 그렇게 내려진 결정은 대부분의 경우 다음 중 한 가지 시나리오를 따르기 마련이다.

- 기존 개념에 따른 디자인: 사용자 경험의 구조가 그 기반 기술이나 구현한 회사의 구조를 따르는 경우에 생긴다. 회사가 보유하고 있는 기술 시스템에는 고객의 주문 이력과 결제 정보를 서로 다른 데이터베이스에 넣는 편이 나을지 몰라도, 그게 사용자 경험 측면에서도 좋으리라는 법은 없다. 유사한 사례로, 회사의 서로 다른 부서에서 나오는 콘텐츠라고 해도 따로 두기보다 한꺼번에 제시하는 편이 사용자에게 더 좋을 수도 있는 것이다.

- 모방에 의한 디자인: 다른 제품, 출판물, 소프트웨어 등으로부터 친숙한 관행을 차용해서 사용자 경험을 만들면서, 그런 관행이 만들고 있는 제품이나 심지어 웹이라는 개념 자체에 어울리는지를 충분히 고려하지 않을 때 일어난다.

- **절대 명령에 따른 디자인**: 사용자 경험에 관한 결정을 사용자의 요구나 제품 목표 대신에 개인적인 선호도가 주도하게 될 때 생긴다. 부사장 중 한 명이 주황색을 좋아한다고 해서 색상 팔레트를 선별할 때 주황색 계열로 뒤덮어 놓는다거나, 기술 부서장이 선호한다는 이유로 모든 내비게이션 요소에 드롭다운 메뉴를 쓰게 된다면, 그런 선택을 할 때 고려해야 하는 전략적 목표와 사용자에 대한 이해를 놓쳐 버린 것이다.

올바른 문제 제기

사용자 경험을 디자인하면서 해결해야 할 자잘한 문제들이 뒤엉켜 있는 것을 보면 종종 낙담하게 되기도 한다. 한 가지 문제에 대한 해결안 때문에, 이미 해결했다고 생각했던 다른 문제들을 재검토해야 하는 경우도 생길 것이다. 서로 다른 접근 방법 사이에서 타협점을 찾아내고 검증해야 하는 일도 많을 것이다. 그런 종류의 결정을 내려야 하는 상황에 처하면, 당황스러워 하면서 올바른 접근 방법을 취하고 있는지 의심하게 되기 쉽다. 올바른 접근 방법은 대상이 되는 근본적인 문제에 대한 이해를 기반으로 모든 의사결정을 내리는 것이다. 사용자 경험의 어떤 측면에 대해서든 가장 처음 고민하고 또 무엇보다 먼저 대답해야 할 질문은 "왜 그런 방법을 거쳐서 결정했는가?"이다.

당면한 문제에 접근하는 데는 올바른 마음가짐을 갖는 것이 가장 중요하다. 사용자 경험을 디자인하는 데 있어서 그 밖의 다른 측면은 활용할 수 있는 기간, 예산, 인력 등에 맞춰 조정할 수 있다. 대상 사용자에 대한 시장 조사 자료를 모을 시간이 없다면, 이미 수집된 서버의 방문 기록이나 고객 의견 같은 정보를 들여다봄으로써 사용자의 요구를 감지할 수 있을지도 모른다. 제대로 된 사용성 평가 시설을 빌릴 예산이 없다면, 친구나 가족이나 회사 동료를 불러서 비공식적으로 사용성 평가를 진행해보자.

시간이나 예산을 절약한다는 핑계로 프로젝트의 근본적인 사용성 경험 문제를 대충 넘어가고 싶은 유혹에 지면 안 된다. 어떤 프로젝트에서는 사려 깊은 누군가가 사용자 경험을 평가할 수 있는 모종의 단계를 프로세스의 맨 끝에 붙여 주기도 하는데, 이는 실제로 사용성 문제점을 다룰 수 있는 시간이 모두 지나 버린 다음이다. 프로젝트 완료일을 결정했을 때는 제품 출시를 향해서 한눈팔지 않고 달려간다는 게 좋은 생각처럼 보였을지 몰라도, 결국 프로젝트의 기술적 요구사항은 모두 충족시키지만, 사용자에게는 쓸모가 없는 제품이 만들어질 가능성이 높다. 사용자 경험 평가를 맨 뒤로 미뤘을 때 생길 수 있는 더 나쁜 일은, 제품에 문제가 있다는 걸 알면서도 고칠 기회나 예산이 없어서 그대로 출시하게 되는 상황이다.

어떤 조직에서는 이런 접근을 선호해서 '사용자 수용도 검증user acceptance testing'이라고 부르기도 한다. 여기서는 수용도라는 단어가 중요한 의미를 내포하고 있다. 사용자들이 제품을 좋아하는지 혹은 사용하고 싶어하는지 아닌지를 묻는 게 아니라, 그 제품을 받아들일 수 있는지를 평가한다는 것이다. 이런 류의 평가는 프로젝트의 맨 끝에 이루어지는 경우가 너무 많은데, 그때쯤이면 그 사용자 경험은 벌써 수많은 추정을 바탕으로 해서 검증되지 않은 채 만들어져 있을 것이다. 그런 추정은 여러 겹의 인터페이스와 인터랙션 뒤에 숨어 있기 때문에, 완성된 제품으로 사용성 평가를 진행한다고 쉽게 밝혀낼 수 있는 게 아니다.

많은 사람이 좋은 사용자 경험을 보장해 주는 주요한 방법으로 사용성 평가를 내세운다. 이런 식의 사고는 일단 뭔가를 만든 다음에, 사람들한테 보여주고 좋아하는지 확인하고 나서, 그 다음에 그 사람들이 불평한 부분을 고친다는 개념이 들어가 있다. 하지만 평가는 전문가가 심사숙고해서 진행하는 사용자 경험 디자인 단계를 절대로 대체할 수 없다.

사용자에게 특정한 사용자 경험 요소에 초점을 맞춰 질문을 던짐으로써 더욱 적절한 의견을 모을 수 있다. 사용자 경험 요소를 염두에 두지 않고 구성된 사용성 평가는 잘못된 질문을 던져서 결국 잘못된 답변을 유도할 수 있다. 이를테면 평가에 사용할 프로토타입을 만들 때, 어떤 문제를 살펴보려는지 아는 것은 평가 참가자들에게 제시되는 경험이 평가하고자 하는 내용을 가리지 않도록 하는 데에 매우 중요한 역할을 한다. 내비게이션 메뉴의 문제가 진짜 색상 때문에 일어난 것인가? 아니면 사람들이 포함된 문구에 영향을 받는 걸까?

　사용자들이 스스로 요구를 말해 주기를 기대할 수는 없다. 어떤 사용자 경험이든지 그걸 구축하는 데 있어서 어려운 부분은, 사용자의 요구를 그들 자신이 스스로 알고 있는 것보다 더 깊이 이해하는 데 있다. 평가를 통해서 사용자의 요구를 이해하는 데에 도움은 받을 수 있지만, 이는 그 목적을 이루기 위한 여러 가지 도구 중 하나일 뿐이다.

| 마라톤과 단거리 경주

사용자 경험의 어느 측면도 우연에 맡겨 둘 수 없듯이, 개발 과정을 우연에 맡길 수는 없는 법이다. 너무도 많은 개발팀이 늘 긴박한 상황에서 작업한다. 각 프로젝트는 어떤 위기 상황을 인지하고 그에 대한 반응으로 시작된 것이다. 결국, 모든 프로젝트는 시작도 하기 전에 일정에 뒤처져 있는 것이다.

　내가 클라이언트에게 문제점들을 설명할 때, 사용자 경험의 개발 과정에 대해서 자주 쓰는 비유가 있다. 마라톤은 단거리 경주가 아니라는 것이다. 어떤 종류의 경기에 참여하는지를 알고 거기에 맞춰 달려야 한다.

　단거리 달리기는 짧은 시간에 끝나는 경기다. 단거리 주자는 출발 총성이 울리는 순간에 축적해 둔 힘을 최대한 끌어내야 하며, 고작해야 몇 분 동안에 그 힘을 모두 써 버린다. 주자는 출발선을 떠나자마자 가능한 한 빨리 달려야 하며, 도착 지점에 닿을 때까지 계속해서 되도록 빠른 속도로 달려야 한다.

　마라톤은 오랫동안 진행되는 경기다. 마라톤 주자에게도 단거리 주자 만큼의 힘이 필요하지만, 그 힘을 소비하는 방식은 크게 다르다. 마라톤에서 성공은 달리는 속도를 얼마나 효율적으로 조절하느냐에 달려 있다. 다른 모든 요소가 동일하다면, 언제 빨리 달려야 하고 언제 속도를 줄여야 하는지를 알고 있는 주자가 그 경기에서 이기거나 최소한 끝까지라도 달릴 수 있다.

　처음부터 끝까지 최대한 빨리 달리는 전략은 단거리 경주할 때나 합리적인 방법이다. 마라톤 경주를 하면서 단거리를 연달아 여러 번 달리듯이 할 수 있다면 좋겠지만, 그건 있을 수 없는 일이다. 단순히 인간이 갖고 있는 지구력

| | 기능으로서의 제품 | 정보로서의 제품 |

표면층 — 감각적 측면의 디자인

골격층 — 인터페이스 디자인 | 내비게이션 디자인
정보 디자인

구조층 — 인터랙션 디자인 | 정보 설계

범위층 — 기능 요구사양 | 콘텐츠 요구사항

전략층 — 사용자 요구
제품 목표

구체적 ↕ 추상적

의 한계 때문이기도 하지만, 다른 요소도 있다. 마라톤 주자는 그런 한계 안에서 오래 달리기 위해 지속적으로 자신의 상황을 확인하고, 전략의 유효성을 검증하며, 그에 따라 접근 방법을 조정한다.

제품 개발을 단거리 경주로 볼 수는 없다. 그보다는 일을 밀어붙이며 프로토타입을 만들고 아이디어를 내야 하는 시기가 있는가 하면, 다음에는 한발 물러서서 만들어 놓은 것들을 평가하고, 각 부분이 제대로 통합되어 있는지를 확인하고, 프로젝트의 큰 그림을 재조정하는 시기가 오기도 한다. 속도에 초점을 맞춰 추진되는 게 나은 업무가 있는 반면에, 좀 더 신중한 접근이 필요한 일도 있다. 좋은 마라톤 선수는 그 둘의 차이를 알고 있으며, 여러분도 그래야 한다.

사려 깊고 신중하게 디자인을 결정하려면 지금 당장은 시간이 소모되겠지만, 장기적으로는 그보다 훨씬 많은 시간을 절약하게 해줄 것이다. 디자이너와 개발자들이 자신이 참여하는 프로젝트에서 전략, 범위, 구조가 제대로 주목 받지 못하고 있음을 아쉬워하는 경우가 많다. 심지어 그런 활동을 아예 배제하려는 위협을 받고 있는 프로젝트도 여러 번 만난 적이 있다. 어떤 사람은 실제 웹사이트의 구성 요소(그래픽, 코드 등)를 만들어 내지 않는 일을 하게 되면 조급해 한다. 이런 업무는 일정에 쫓기고 있거나 예산을 초과한 프로젝트에서 종종 가장 먼저 제외되는 항목이기도 하다.

하지만 애당초 그런 업무는 나중에 작업해야 하는 산출물을 위해서 반드시 필요한 준비 작업이기 때문에 프로젝트의 범위에 포함된 것이다(UX 요소의 다섯 층을 아래부터 위로 구축해 가면서 아래쪽 층이 그 위의 층을 구축하는 기반이 되도록 하는 것도 같은 이유이다). 그런 업무가 사라지면, 프로젝트 일정에 남아 있는 업무와 산출물들은 프로젝트의 더 큰 맥락에 대한 정보 없이 서로 단절된 것처럼 느껴지게 된다.

그런 프로젝트가 완료 과정에 접어들면 누구의 기대도 충족시키지 못하는 제품을 갖게 된다. 원래 목표로 했던 문제를 해결하지 못했음은 물론이고, 계획해 두었던 차기 프로젝트에서 이제는 지난 프로젝트의 결점까지도 다뤄야 한다. 그런 식으로 악순환이 계속되는 것이다.

어떤 제품을 팀 외부의 시각에서 보거나 개발 과정에 처음으로 참여하게 되면, 다섯 층으로 이루어진 모델에서 아래쪽의 층을 보지 못하는 대신 한결 명백해 보이는 위쪽의 층에 집중하게 되기 쉽다. 가장 보기 어려운 전략, 범위, 구조층의 요소가 사용자 경험의 전체적인 성공과 실패를 가르는 데 있어서 가장 중요한 역할을 한다는 것은 역설적인 일이다.

위쪽 층에서의 실패가 아래층에서의 성공을 보이지 않게 만드는 경우도 많다. 산만하고 복잡해 보이는 화면 배치라든가 일관적이지 못하고 서로 어울리지 않는 색상처럼 시각 디자인에서의 문제는 바로 사용자를 쫓아내서 잘 만들어 놓은 내비게이션 디자인이나 인터랙션 디자인을 발견할 기회를 빼앗을 수 있다. 잘못 선택된 내비게이션 디자인 접근 방법은 유연하고 믿을 수 있는 정보 구조를 만드느라 기울인 그 모든 노력이 시간 낭비였던 것처럼 보이게 한다.

마찬가지로, 위쪽의 층에서 아무리 올바른 결정을 내려도 그 결정이 그 아래층에서의 잘못된 선택에 기반을 둬서 내려졌다면 전혀 무의미하다. 웹의 역사는 보기엔 아름다웠지만, 전혀 쓸 수가 없었던 웹사이트들로 점철되어 있다. 신생 업체에서 사용자 경험의 다른 요소를 배제하고 시각 디자인에 집중하다가 파산해 버리고, 다른 회사들로 하여금 애당초 왜 그 사람들이 웹에

서 사업하려고 했는지 궁금하게 만든 경우도 한두 번이 아니다.

    그렇게 되지 않을 수 있다. 완성된 사용자 경험을 염두에 두고 제품 개발 과정에 접근하면, 그 과정이 마무리된 후에는 골칫거리가 아니라 소중한 자산이 될 제품을 가질 수 있다. 제품에 대한 사용자 경험의 모든 측면을 의식적이고 명시적인 의사결정을 통해 만들어 냄으로써, 그 제품이 반드시 전략적 목표와 사용자의 요구를 모두 충족시키도록 할 수 있다.

찾아보기

ㄱ

감각적 경험 고려하기 30
감각적 디자인에 있어서 디자인 구성도에 대한 고려 137–140
감각적 디자인에 있어서 색상 팔레트의 고려 134–137
감각적 디자인에 있어서 시선추적의 활용 128–129
감각적 디자인에 있어서의 타이포그래피 134–137
감각적 디자인에 있어서의 통일성과 대비 129–133
감각적 디자인에서의 미각과 후각 126
감각적 디자인에서의 스타일 지침서 137–140
감각적인 디자인 125
    대비와 통일성 129–133
    디자인 구성도 137–140
    색상 팔레트 134–136
    스타일 지침서 137–140
    시각 127–128
    시선 추적 128–129
    일관성 133–134
    청각 126–127
    촉각 126
    타이포그래피 134–137

후각과 미각 126
감각적인 디자인에서의 후각과 미각 126
개념적 모델 79–82, 91, 105
격자 구조 88
경쟁 제품 분석을 통한 영감 63
계층 구조 88
고객 충성도 12
골격층 20, 29–30 (참조: 층)
    관습 103
    내비게이션 디자인 30, 102, 110–115
    와이어프레임 119–122
    은유 103–106
    인터페이스 디자인 30, 102, 106–110
    정보 디자인 30, 102, 116–118
골격층의 정의 101–102
과업 분석 45
관습
    관습에 대한 고려 80
    새로운 관습의 개발 108
관습과 은유 103–106
구성 원리의 적용 91–93
구조
    격자 구조 88–89
    계층 구조 88
    나무 모양 구조 88

방사형 구조 88

순차 구조 90

유기 구조 89

정의 77-78

구조적 설계 방법 (참조: 정보 구조)

격자 구조 88

계층 구조 88

나무 모양 구조 88

방사형 구조 88

순차 구조 90

유기 구조 89

구조층 20, 29 (참조: 층)

인터랙션 디자인 29, 78-84

정보 구조 29, 78, 84-95

팀의 역할과 업무 절차 95-98

구조층을 위한 팀의 역할과 업무 절차 95-98

그리드 기반 레이아웃 기법 130-131

글로벌 내비게이션 112

기능 사양서 29, 59, 64-67

기술과 내용 31

기술에 따른 제약 107

길찾기 118 (참조: 내비게이션 디자인)

ㄴ

나무 모양 구조 88

내비게이션 도구 115

내비게이션 디자인 102 (참조: 길찾기)

고려하기 29-30

목표 101-102

중요성 111-112

내비게이션 체계 112

글로벌 내비게이션 112

내포된 내비게이션 114

로컬 내비게이션 112

맥락적 내비게이션 114

반복적 내비게이션 요소 112

부가적 내비게이션 113

사이트 맵 115

색인 115

편의적 내비게이션 114

내비게이션에 활용되는 색인 115

내포된 내비게이션 114

노출빈도 38

ㄷ

다섯 개의 층 (참조: 범위층, 골격층, 전략층, 구조층, 표면층, 사용자 경험)

고려하기 144

골격층 20, 29-30

관련된 결정 22-24

관련된 선택 22-24

구조층 20, 29

범위층 20, 29

상향식 접근을 통한 구축 151

실패의 원인 150

작업 방식 22-24

전략층 21, 29

파급 효과 22-24

표면층 20, 30

UX 요소의 활용 30, 32

단거리 경주

    정의 148

    전략 148

대비와 통일성 129-133

동작 버튼, 109

드롭다운 목록, 114-115

디자인 (참조: 제품 디자인, 사용자 중심 디자인)

    기존 개념에 따른 디자인 145

    모방에 의한 디자인 145

    절대 명령에 따른 디자인 146

디자인 구성도 137-138

디자인 일관성 134

디자인 체계의 문서화 138

ㄹ

라디오 버튼 108, 110

로컬 내비게이션 112

ㅁ

마디

    격자 구조 88-89

    계층 구조 88

    구성 원리 91-93

    상위 마디와 하위 마디 88

    유기 구조 89

    정보 구조에서의 역할 88

마라톤과 단거리 경주 148-152

맥락적 내비게이션 114

맥락적 연구 44

메타데이터와 언어 93-95

명확한 제품 목표 58-61

목록 선택 상자 109

목표 (참조: 제품 목표)

문서화 (참조: 와이어프레임)

    기능 사양서 작성하기 64-67

    디자인 체계 138

문자 요소 135

문제 해결 146-148

문제에 대한 해결안 찾기 146-148

ㅂ

반복적인 내비게이션 요소 112

방사형 구조 88

범위층 20, 29 (참조: 층)

    기능 58–61

    기능 사양서 29, 59, 64–67

    범위층의 전략 구성요소 70–71

    상향식 구조에서의 역할 85

    요구사항 정의 61–63

    요구사항의 우선순위 매기기 70–73

    콘텐츠 58–61

    콘텐츠 요구사항 26, 67–69

    콘텐츠 요구사항 정의 59

범위층의 정의 55–56

부가적 내비게이션 113

불충분한 링크 114

브랜드 요구사항 고려 61

브랜드의 정체성 고려 37–38

ㅅ

사업 목표 정의 36–37

사업 전망 문서

    내용 50–51

    우선 순위 72–73

사용성 46

사용자 경험 (참조: 층)

    개발 과정에 있어서 사용자 경험의 고려 10–11

    결정에 대한 책임의 위임 30

    기능을 비유해서 표현하기 105–106

    기존 개념에 따른 사용자 경험 디자인 145

    디자인 7–8

    디자인 8–9

    모방에 의한 사용자 경험 디자인 145

    사업에의 영향 11–15

    사용자 경험에 대한 은유 148

    사용자 경험에 대한 콘텐츠의 영향 31

    사용자 경험의 질 11–15

    선택 사항 145

    성공적인 사용자 경험 디자인 145

    세부 사항 6

    웹에서의 사용자 경험 9–11

    절대 명령에 따른 사용자 경험 디자인 145

    정의 6

    커뮤니티 형성 25–27

사용자 경험 요소 모델 19 (참조: 층)

사용자 모델 생성 47–49

사용자 세분화 41–44

    연구 후 재검토 43

    중요성 43

사용자 수용도 검증 147

사용자 심리분석 41

사용자 연구 44–47, 49

사용자 요구사항

    관련된 조사 도구 44

    사용성 44–47

    사용자 심리분석 41

    의의 27, 35

    이해 44–47

    파악 40

    페르소나 구축 47–49

사용자 중심 디자인 16 (참조: 디자인, 제품 디자인)

    선택 사항 제시 9

    질문하기 147–148

사용자 평가 45–47

사용자 프로파일 구축 47–49

사용자 행동 44 (참조: 인터랙션 디자인)

사용자에게 질문 하기 146–148

사용자의 성향 분석 43

사우스웨스트 항공사 웹사이트 81–82

사이트 맵이라는 단어의 사용 96, 115

성공 지표 38–40

소프트웨어 설계의 초점 79

수익 증대 13

순차 구조 90

시각 디자인을 와이어프레임에 대응시키기 139

시각어휘 목록 96–97

시각적 경험 127–128

시각적으로 중립적인 레이아웃 130

시장 조사 방법 50

ㅇ

어휘 제한 적용 93–94

언어와 메타데이터 93–95

연구 방법론

    과업 분석 45

    맥락적 연구 45

    사용자 평가 45–46

    시장 조사 방법 44

    카드 분류법 47

    프로토타입 46–47

오류 안내문 60

오류 처리 82–84

    교정 82–84

    복구 82–84

    실행취소 기능 84

    예방 82–84

오류 처리에 있어서의 실행취소 기능 84

오르비츠의 색상 팔레트 136

와이어프레임 (참조: 문서화)

    골격층 119–122

시각 디자인과의 대응 139

요구사항 (참조: 콘텐츠 요구사항, 프로젝트 요구사항)

    개발 68-69

    아이디어 수집 69

    우선순위 설정 70-73

    전략적 목표 70-71

    평가 70

용어집의 활용 93-94

운영 체제의 인터페이스 요소 108-110

웹 구성요소

    기능 26-27

    정보 매체 26-27

웹

    기능 사양서 59

    상업적인 관심 25-27

    웹에서의 사용자 경험 9-11

    진화 24-25

    콘텐츠 요구사항 59

웹사이트라는 단어의 사용 9

웹사이트의 실패 35

유기 구조 89

은유와 관습 103-106

의사소통의 중요성 11-12

이해 당사자

    관련자들 사이의 갈등 72

전략에 대한 고민 72-73

    정의 49

인구통계학, 사용자 분류에 활용 41-43

인구통계학적 기준에 의한 사용자 분류 41

인터랙션 디자인 78-84

    개념적 모델 79-82

    고려하기 29

    관습 80

    관습과 은유 103

    오류 처리 82-84

    일관성 103-105

인터페이스 디자인 101-102 (참조: 정보 디자인)

    고려하기 29-30

    성공적인 인터페이스 디자인 106

인터페이스 요소

동작 버튼 109

    드롭다운 목록 109, 110

    라디오 버튼 108, 110

    목록 선택 상자 109

    입력 상자 109

    체크박스 108, 110

인터페이스에서의 관습의 변화 108

일관성

    감각적 디자인에서의 일관성 고려 133-134

    내적 일관적과 외적 일관성 133-134

입력 상자 109

ㅈ

재방문율 측정 40

전략 목표를 위한 요구사항 70–71

전략 목표에 부합하기 38–39

전략 문서

    내용 50–51

    전략의 우선 순위 72–73

전략 전문가 고용 49

전략층 21, 29 (참조: 층)

    사용자의 요구사항 27

    제품 목표 29

    하향식 구조에서의 역할 85

전략층을 위한 팀의 역할과 업무 절차 49–51

전문 용어 93

전화기에 관련된 관습 103–104

전화기와 관련된 관습 103–104

전환율 측정 12–13

정보 구조 설계 78, 84–85

    (참조: 정보 구조 설계 방법)

    개념적 구조 91

    고려하기 30

    구성 원리 91–93

    구조화된 용어집의 활용 93

도식화 95–98

마디 88–90

메타데이터 94–95

문서화 95–98

변화에 대한 수용성 86–87

분류 85–86

상향식 접근 85

설계 방법 88–90

시각어휘 목록 96

언어 93–95

언어의 순차적인 흐름 90

제한된 어휘 목록 93–95

콘텐츠 구성 85–87

하향식 접근 85

정보 디자인 101–102 (참조: 인터페이스 디자인)

    고려하기 30, 41

    구성 원리 116–118

    길찾기 118

    시각적인 정보 디자인의 사례 116

    인터페이스 디자인에서의 역할 118

제품 디자인의 개념 7

    (참조: 디자인, 사용자 중심 디자인)

제품 목표

    고려하기 27, 35, 85

    브랜드 정체성 37–38

사업 목표 36-37

　　성공 지표 38-40

제품

　　기능 및 콘텐츠 설명 28

　　기능으로서의 제품 26-28, 149

　　기획 56-58

　　성공 11-12

　　정보로서의 제품 26-28, 149

주제면

　　장점 (주제면 중심 분류 체계의) 113

　　정의 92

ㅊ

청각적 경험 126-127

체크박스 108, 110

촉각적 경험 126

층 (참조: 범위층, 골격층, 전략층, 구조층, 표면층, 사용자 경험)

　　UX 요소의 활용 30-32

　　고려하기 144

　　관련된 결정 22-24

　　관련된 선택 23

　　상향식 접근을 통한 구축 150-151

　　실패의 원인 150-151

　　작업 방식 22-24

　　파급 효과 21-22

　　표면층 20, 23

　　골격층 20, 29-30

　　구조층 20, 29

　　범위층 20, 29

　　전략층 21, 29

ㅋ

카드 분류법 37-38

콘텐츠 개발에 있어서의 사용자 고려 69

콘텐츠 관리 시스템 59-61

콘텐츠 내용

　　경험으로 비유해서 표현하기 105-106

　　구현에 대한 시간 제한 70

　　구현하기 72

　　상충되는 내용 70

　　제안하기 72-73

　　콘텐츠 개념에 대한 용어의 사용 59

콘텐츠 목록 작성 81-82

콘텐츠 요구사항 67-69 (참조: 콘텐츠 요구사항을 고려한 프로젝트 요구사항 29)

　　범위층에서의 콘텐츠 요구사항 고려 57-58

　　정의 59

콘텐츠 항목 업데이트 69

콘텐츠

ㅌ

투자수익률 12

ㅍ

페르소나

    구축 47–49

        요구사항에 포함시키기 63

페이지 레이아웃 119–122

편의적 내비게이션 114–115

표면 125

표면층 20, 30 (참조: 층)

    대비와 통일성 129–133

    디자인 구성도 137–140

    색상 팔레트 134–137

    스타일 지침서 137–140

    시각 127

    시선 추적 128–129

    일관성 133–134

    청각 126

    촉각 126

    타이포그래피 135–137

    후각과 미각 126

프로젝트 기획 22–24

프로젝트 요구사항 (참조: 콘텐츠 요구사항, 요구사항)

관리 58

규명 56–58

발전 63

정의 61–63

페르소나 포함시키기 63

프로토타입 46–47

ㅎ

효율성 향상 14–15

F

FAQ 고려 68

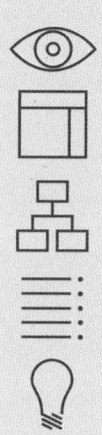